ESPAÑOL
PARA
EXTRANJEROS

María Lluïsa Sabater
Ernesto Martín Peris
Mireia Bosch

*h*ablemos de Negocios

Libro del Alumno

Alhambra Longman

Autores:

M.ª Lluïsa SABATER TORRES
Profesora de la École Supérieure de Commerce Extérieur (ESCE) y de la École
Nationale Supérieure des Postes et Télécommunications (ENSP&T).

Ernesto MARTÍN PERIS
Catedrático de la Escuela Oficial de Idiomas de Barcelona y Director Académico
de los Institutos Cervantes.

Mireia BOSCH GALCERAN
Catedrática de la Escuela Oficial de Idiomas de Barcelona.

Producción editorial:

Dirección: José Luis Ferrer.

Coordinación: Óscar García.

Diseño: Javier Aceytuno.

Cubierta: Gentil Andrade.

Ilustración: Antonio Chaves.

Coordinación editorial: Nathalie Varichon.

Agradecimientos

Los autores quieren expresar su especial agradecimiento a M.ª Francisca
Martínez, que con su impulso inicial puso en marcha este proyecto, y a Alain
Morcheoine, por su inestimable labor de asesoramiento: determinados módulos
de este libro no hubieran sido posibles sin sus conocimientos técnicos.

Los autores agradecen también la colaboración de José Almagro, Jean
Barnerias, Dori Cañellas, Carles Cascante, Agustí Gómez, Javier Llavina,
Montserrat Marchante, Bruno Monjaret, Ferran Pérez, Montserrat Riudor,
Bernard Haguenauer, Jean Gerard Sender, Baltasar Torres, Jordi Zapater, así
como la de Maria Torres y de Josep M.ª Blasi.

Agradecemos a los propietarios del material original reproducido la
autorización para su publicación. En algunos casos, a pesar de haberlo
intentado, no hemos obtenido respuesta a nuestra solicitud. Recibiremos con
gran interés cualquier información al respecto.

Impreso en España - Printed in Spain

Gráficas Rogar, S. A. - León, 44 - Pol. Ind. Cobo Calleja - Fuenlabrada (Madrid)

Índice

Objetivos y contenidos

Unidad 1: La empresa y los empresarios

Objetivos comunicativos

Módulo 1. Familiarizarse con la terminología contenida en los organigramas y describir las funciones de los departamentos de una empresa.

Módulo 2. Conocer la denominación y las funciones de aparatos y máquinas utilizados en las empresas.

Módulo 3. Familiarizarse con la presentación y el contenido de cartas comerciales.

Módulo 4. Familiarizarse con el vocabulario del mundo laboral y sindical a través de noticias radiofónicas y titulares de periódico. Valorar positiva o negativamente ideas propuestas, proyectos y responder a quien hace la valoración.

Módulo 5. Expresar contraste entre figuras conocidas del mundo de la empresa a partir de la lectura de textos periodísticos. Tomar nota y resumir oralmente la información contenida en una entrevista grabada.

Contenidos gramaticales

- Verbos con preposición: **ocupar/se, encargar/se, acordar/se, tratar/se de.**

- Comparación / consecuencia: **tan... como / tanto... que.**

- Verbo **parecer** (contraste entre: **me parece / lo encuentro**).

- Diversas construcciones de comparación y contraste.

Unidad 2: Puestos de trabajo

Objetivos comunicativos

Módulo 1. Expresar acuerdo y desacuerdo. Dar una opinión con distintos grados de firmeza y seguridad. Mejorar la comprensión de anuncios de trabajo en la prensa.

Módulo 2. Aprender a redactar una carta de solicitud y un currículum vitae a partir de modelos.

Módulo 3. Mejorar la capacidad de comprensión y expresión oral en conversaciones telefónicas en las que se confirman y conciertan entrevistas.

Módulo 4. Practicar el lenguaje propio de las entrevistas para la obtención de un puesto de trabajo.

Módulo 5. Verbalizar las informaciones contenidas en un gráfico por medio de comparaciones. Obtener información puntual de un texto y hacer una valoración personal.

Contenidos gramaticales

- Contraste indicativo / subjuntivo:
  a) verbos de opinión
  b) **ser** + adjetivo (nombre)
  c) frases de relativo

- Morfología del presente de subjuntivo: irregulares más frecuentes.

- Relato en el pasado: preposiciones, contraste imperfecto / indefinido.

Unidad 3: *Procesos, máquinas, sistemas*

Objetivos comunicativos

Módulo 1. Identificar las distintas dependencias de una fábrica y definir su función. Comprender y dar indicaciones para localizar servicios, dependencias y personas dentro de una fábrica.

Módulo 2. Definir tipos de productos, características de fabricación y mercados a los que van dirigidos. Describir procesos de fabricación.

Módulo 3. Dar instrucciones del funcionamiento de una máquina de uso corriente y presentar quejas y reclamaciones verbales y escritas: mostrar enfado, exigir y amenazar.

Módulo 4. Describir máquinas y sistemas de uso profesional desde el punto de vista de sus componentes y prestaciones.

Módulo 5. Debatir y contrastar opiniones sobre un tema concreto: montaje artesanal, cadena de montaje y el montaje robotizado.

Contenidos gramaticales

- Gerundio:
  a) morfología, irregulares más frecuentes.
  b) algunos usos (**estar / ir** + gerundio).
- Pronombre **se**: algunos usos.
- Subjuntivo en oraciones temporales.
- Subjuntivo / indicativo en oraciones completivas (verbos de opinión, verbos de deseo, interrogativas indirectas).
- Conectores de secuencia.

Unidad 4: *Transporte y distribución*

Objetivos comunicativos

Módulo 1. Familiarizarse con el tipo de información contenida en solicitudes y ofertas de envíos. Reconocer y describir tipos de embalaje y relacionarlos con mercancías: medidas, formas y características.

Módulo 2. Familiarizarse con el vocabulario de los medios de transporte de mercancías. Leer noticias relacionadas con el tema del transporte. Describir algo cuyo nombre se ignora.

Módulo 3. Definir en frases completas varios tipos de Incoterms a partir de notas.

Módulo 4. Identificar nombres de documentos para el transporte internacional a partir de la lectura de textos explicativos. Completar un conocimiento de embarque.

Módulo 5. Familiarizarse con el lenguaje de la distribución y las franquicias. Interpretar y comentar gráficos sobre el mismo tema.

Contenidos gramaticales

- Contraste indicativo / subjuntivo:
  a) verbos de información / verbos de petición
  b) **ser / estar** + adjetivo
- Uso alternativo infinitivo / subjuntivo (mismo / distinto sujeto en oración principal y subordinada).
- Comparación: **más... que, el más... de.**
- Voz pasiva.

Unidad 5: Seguros

Objetivos comunicativos

Módulo 1. Familiarizarse con la terminología general de seguros.

Módulo 2. Describir el marco y circunstancias en que ocurre una acción. Explicar las acciones y acontecimientos que se producen. Identificar diversos tipos de seguro familiar o personal.

Módulo 3. Describir las características de diversos seguros para empresas. Discutir sobre las ventajas de un tipo de seguro frente a otro en el momento de la contratación: mostrarse reacio y reticente, convencer y persuadir.

Módulo 4. Familiarizarse con el proceso de contratación de un seguro a la exportación: correspondencia entre exportadores y aseguradores.

Módulo 5. Lectura de textos relacionados con el tema de los seguros.

Contenidos gramaticales

● Casos más generales de contraste entre el pretérito imperfecto y los pretéritos perfecto e indefinido.

Unidad 6: Marketing

Objetivos comunicativos

Módulo 1. Familiarizarse con el lenguaje del marketing.

Módulo 2. Comprender y hacer una descripción de productos y envases: forma, textura, color, etc. Comprender y expresar opiniones.

Módulo 3. Familiarizarse con el lenguaje usado en fichas técnicas, cuestionarios y encuestas.

Módulo 4. Completar gráficos / cuadros a partir de informaciones auditivas. Redactar un informe a partir de los resultados de una encuesta.

Módulo 5. Simular un debate entre profesionales sobre el lanzamiento de un producto.

Contenidos gramaticales

● Verbo **parecer** y expresiones equivalentes.

● Frases condicionales.

● Gradación: **un poco / bastante / nada / muy / poco.**

● Comparativos.

Unidad 7: *Publicidad*

Objetivos comunicativos

Módulo 1. Discutir cuestiones generales sobre publicidad. Familiarizarse con la terminología referida a medios y soportes de difusión publicitaria. Interpretar cuadros estadísticos.

Módulo 2. Analizar diferentes tipos de anuncios con respecto a la técnica, el tono y el público a quien se dirigen.

Módulo 3. Interpretar imágenes y eslóganes publicitarios extraídos de anuncios.

Módulo 4. Obtener información sobre las distintas etapas de preparación de una campaña publicitaria y participar en una toma de decisión sobre la misma.

Módulo 5. Lectura de textos relacionados con el tema de la publicidad.

Contenidos gramaticales

- Estilo indirecto en tiempo presente y pasado.
- Contraste **pero / sino.**

Unidad 8: *Bancos y finanzas*

Objetivos comunicativos

Módulo 1. Familiarizarse con la terminología general de la bolsa.

Módulo 2. Familiarizarse con los conceptos propios de balances de situación y cuentas de resultados. Identificar los principales elementos de un informe oral sobre los resultados del ejercicio de un banco.

Módulo 3. Comprender el contenido de conversaciones que tienen lugar en bancos y cajas. Pedir y dar consejo en cuestiones relacionadas con gestiones bancarias. Exponer problemas relacionados con operaciones bancarias y proponer soluciones.

Módulo 4. Obtener información sobre créditos bancarios a partir de textos orales y escritos. Hacer una solicitud de crédito bancario para una empresa.

Módulo 5. Lectura de textos sobre créditos bancarios y entidades de ahorro. Expresar grados de certeza.

Contenidos gramaticales

- Frases condicionales.
- Uso de locuciones adverbiales, perífrasis **deber de** y futuro de probabilidad, para indicar grados de certeza.

Unidad 9: *Economía y comercio internacional*

Objetivos comunicativos

Módulo 1. Familiarizarse con el tema del comercio exterior: importaciones, exportaciones y balanza de pagos. Manifestar conveniencia o necesidad.

Módulo 2. Interpretar datos sobre la marcha de la economía de un país durante un ejercicio económico. Expresar la relación causa-efecto. Discutir diferentes estrategias empresariales para la exportación.

Módulo 3. Comprender y dar información sobre enfrentamientos comerciales entre grandes potencias. Debatir el tema de la competitividad de las empresas frente a la exportación.

Módulo 4. Discutir el tema de las diversas formas de pago en comercio internacional. Familiarizarse con el proceso de un pago mediante un crédito documentario.

Módulo 5. Lectura de textos relacionados con el tema de la deuda externa de algunos países de Latinoamérica.

Contenidos gramaticales

- Oraciones causales.

- Oraciones concesivas.

- Régimen preposicional y modo de algunos verbos: **acusar, amenazar, criticar, denunciar, quejarse, protestar, reprochar, echar en cara.**

Unidad 10: *Viajes de negocios*

Objetivos comunicativos

Módulo 1. Familiarizarse con el contenido de cartas formales de invitación y aceptación. Justificar una elección. Entender anuncios dados por el sistema de megafonía en un aeropuerto. Pedir y dar permiso. Pedir un favor o un servicio y responder adecuadamente.

Módulo 2. Mantener conversaciones con el recepcionista de un hotel. Relatar incidentes relacionados con reservas de hotel. Describir platos típicos en un restaurante. Identificar el tema de conversaciones que tienen lugar en un restaurante.

Módulo 3. Identificar el tema de fragmentos de conversación en situaciones de relación social. Familiarizarse con expresiones del lenguaje coloquial.

Módulo 4. Identificar funciones lingüísticas características de reuniones de trabajo. Familiarizarse con el lenguaje de la negociación.

Módulo 5. Leer textos y gráficos sobre gastos de representación y lugares de reunión fuera de la empresa.

Contenidos gramaticales

- Referencias temporales:
  a) absolutas: preposiciones **en, a(l), por, de.**
  b) relativas: **hace... que, desde (hace), dentro de;** perífrasis con el verbo **llevar.**

- Verbos introductores de estilo indirecto.

Unidades

1.1.a. Lea las descripciones de algunos departamentos y cargos de una empresa y asócielas con los nombres de la lista.

1. Es el departamento que se ocupa de perfeccionar los conocimientos y el nivel de preparación del personal de la empresa.

2. Este departamento se encarga de la puesta a punto de las técnicas de fabricación y también de la organización de la producción.

3. Es el departamento responsable de la búsqueda de nuevos segmentos de mercado.

4. Este departamento trata con los compradores de los productos y les proporciona asistencia si el producto adquirido presenta algún problema o si debe ser reparado o cambiado.

5. Esta dirección coordina y supervisa todos los departamentos que tienen relación con el lanzamiento y la puesta en el mercado de los productos que fabrica.

6. Este departamento se ocupa de todos los conflictos, como, por ejemplo, los derivados del impago de facturas.

7. La persona que ocupa este puesto es responsable de la prevención y detección de posibles defectos del producto.

8. Es el departamento que se encarga de asegurar que los productos y servicios de la empresa cumplan todos los requisitos para dar plena satisfacción al cliente.

a) FORMACIÓN
b) ASESORÍA JURÍDICA
c) POST-VENTA
d) MARKETING
e) MÉTODOS
f) DIRECCIÓN COMERCIAL
g) DIRECTOR GENERAL ADJUNTO DE CALIDAD
h) CONTROL DE CALIDAD

1.1.b. Rellene las casillas de este organigrama con el nombre de los cargos y departamentos correspondientes.

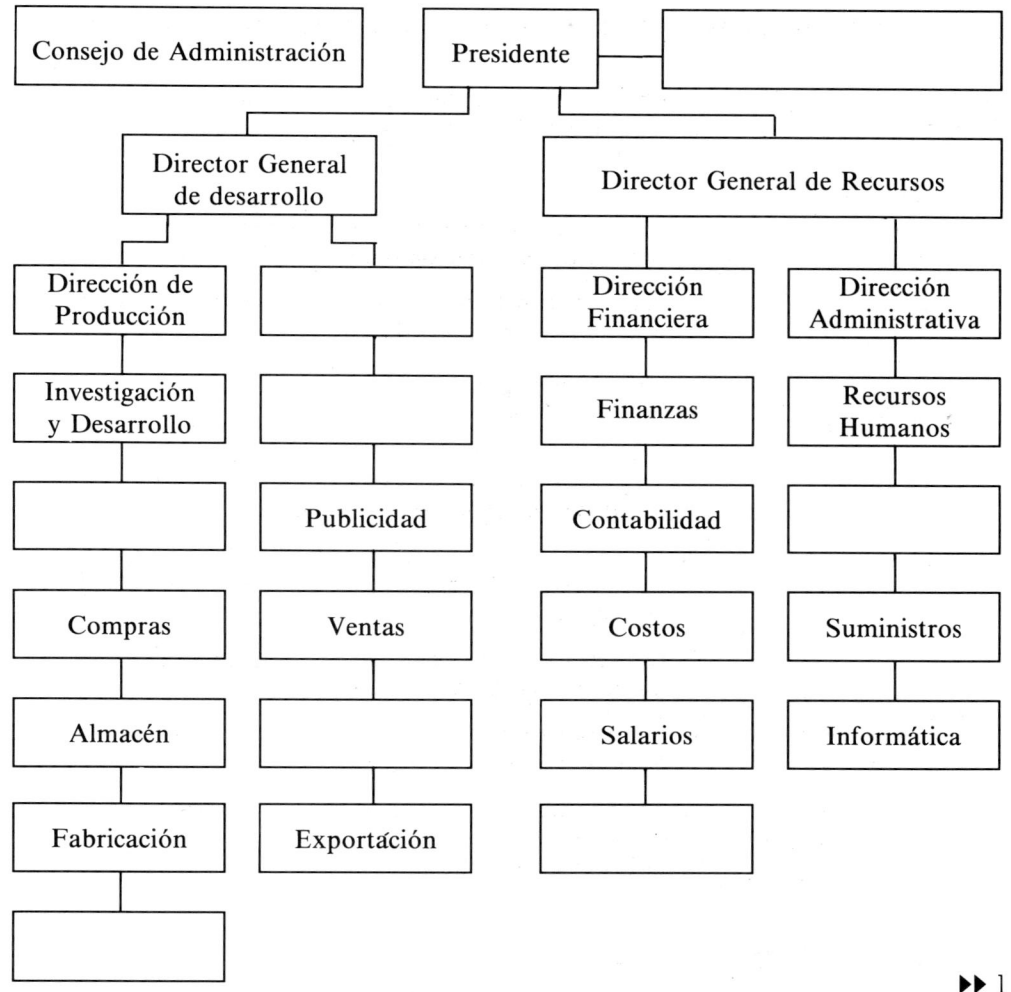

▶▶ 1

1.1.c. Haga una lista de los verbos y expresiones utilizados en 1.1.a para describir las funciones de puestos y departamentos, y divídalos en dos listas, según lleven preposición o no.

▶▶ 2

1.1.d. Trabajen en grupos y traten de definir las funciones de otros departamentos del organigrama, o bien las funciones de los departamentos en los que ustedes están trabajando ahora.

1.1.e. Escuche tres llamadas telefónicas y decida, por su contenido, a qué departamento de la empresa van dirigidas.

▶▶ 3

M2

2.1.a. El vocabulario que va a encontrar en este módulo pertenece a la ofimática. ¿Podría definir este concepto, tras una ojeada rápida a las ilustraciones siguientes?

(1)
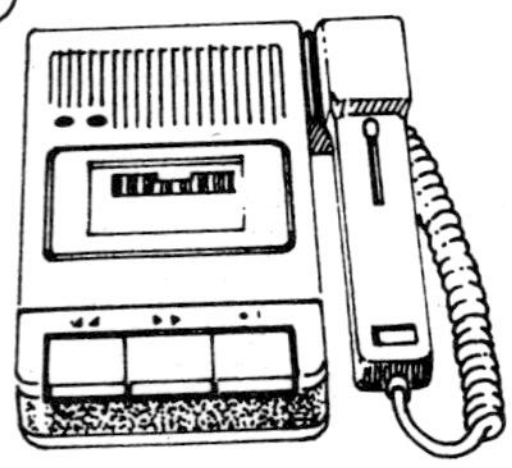
(2)
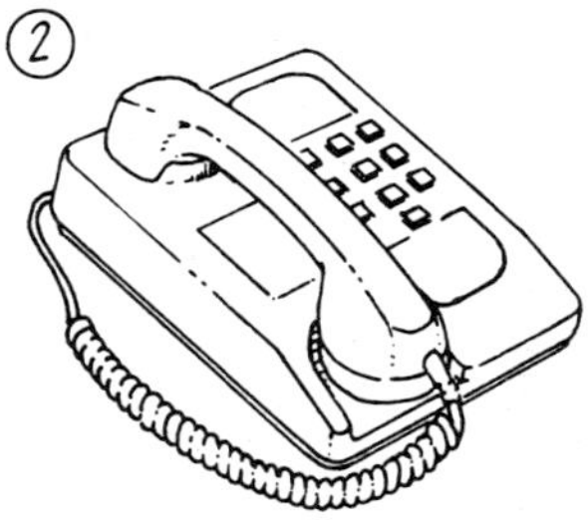
(3)
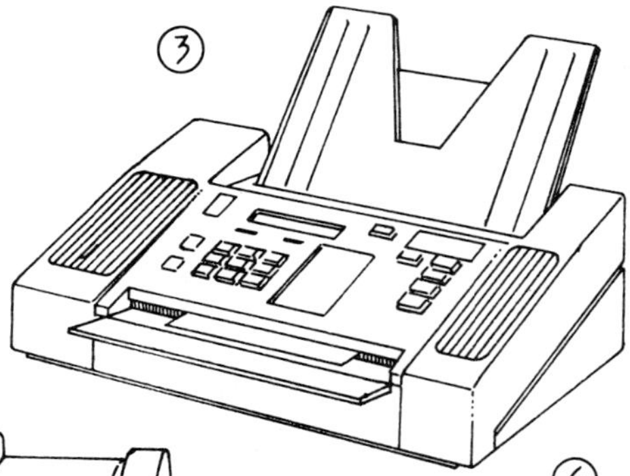
(4)
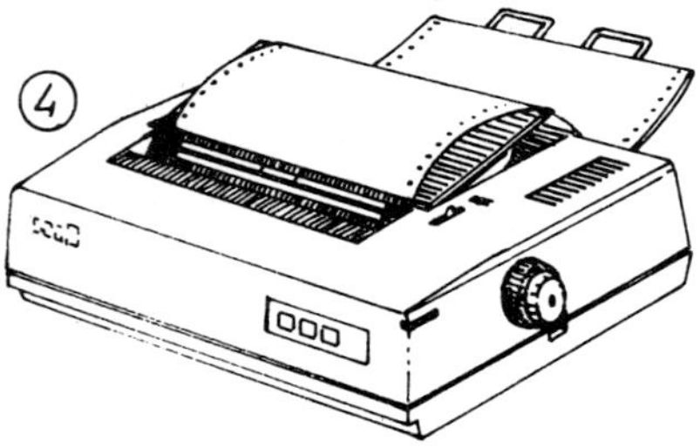
(5)
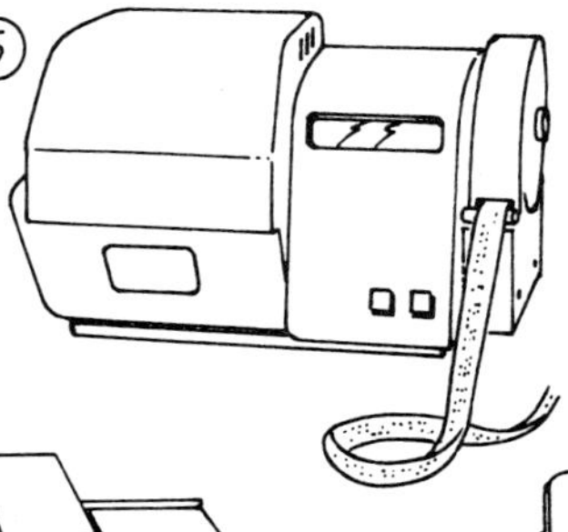
(6)
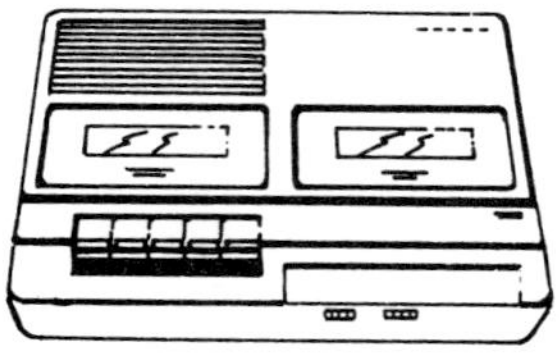
(7)
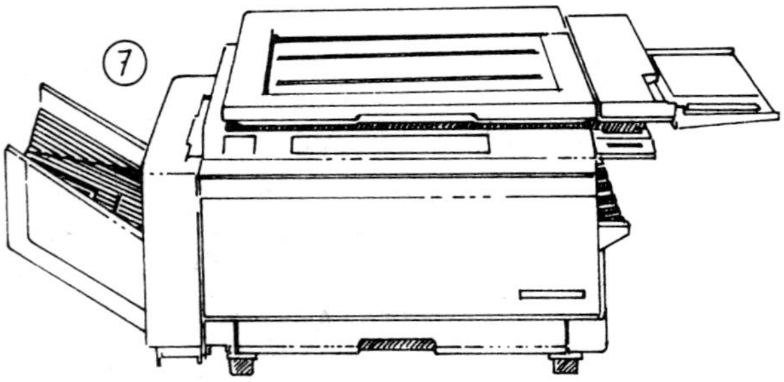
(8)
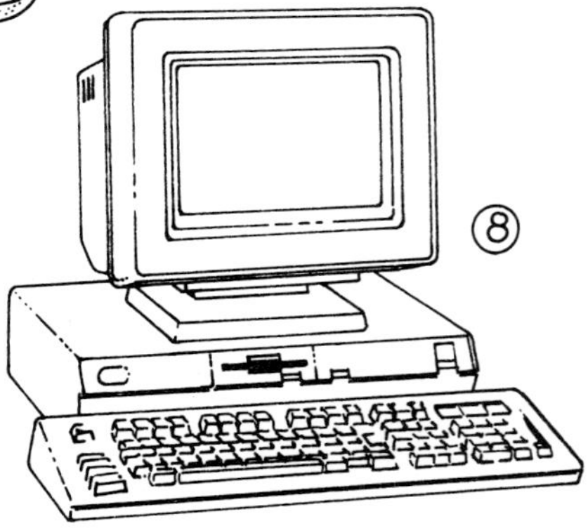
(9)
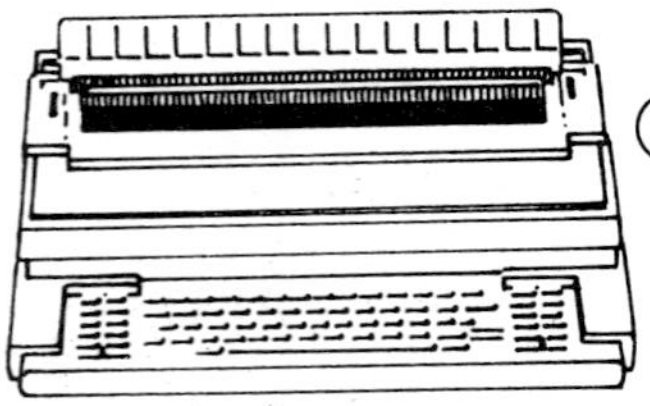
(10)
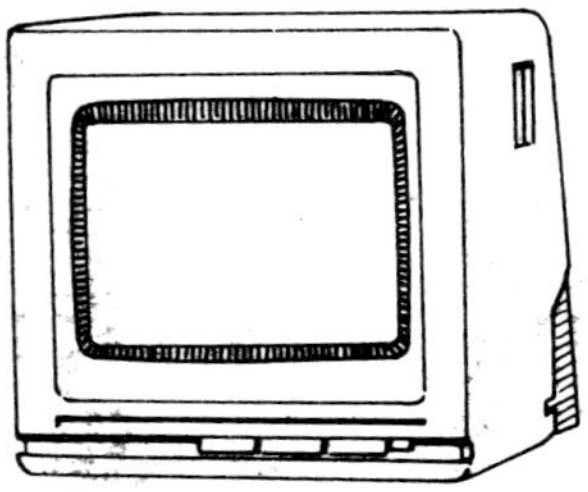

TÉLEX ( )
TELEFAX ( )
TELÉFONO ( )
CONTESTADOR AUTOMÁTICO ( )
FOTOCOPIADORA ( )
MÁQUINA DE ESCRIBIR ( )
ORDENADOR ( )
DICTÁFONO ( )
IMPRESORA ( )
VIDEOTEXTO ( )

2.1.b. Mire los dibujos y anote el número de cada aparato al lado de su nombre correspondiente en la lista situada al pie de las ilustraciones.

2.2.a. En las oficinas hay máquinas que evitan que los empleados tengan que realizar tareas a menudo largas y tediosas. Relacione el nombre de algunas de estas máquinas con el dibujo correspondiente, anotando su número entre paréntesis.

CALCULADORA ( )   FRANQUEADORA ( )
BUSCAPERSONAS ( )   ENSOBRADORA ( )
DESTRUCTORA DE PAPEL ( )   ENCUADERNADORA ( )

2.2.b. Trabaje con su compañero/a. Traten de definir la función de cada una de estas máquinas, utilizando la siguiente estructura:

> Nombre + SIRVE + PARA + Infinitivo

Antes, preparen la lista de verbos que puedan necesitar.

2.2.c. Escuche la grabación que explica la función de las máquinas y compruebe su lista. Complétela si es necesario.

▶▶ 4

3.1.a. Lea esta carta de pedido que ha llegado a la empresa FABRITRANS.

UCSA
Paseo de Montero Ríos, 3
40004 SEGOVIA
Tel.: 85 19 34

FABRITRANS
Aragón, 34
20280 FUENTERRABÍA

s/ref.:   n/ref.: CA/id

Asunto: Pedido n.º 4.356   Segovia, 2 de marzo de 1992

Señores:

Confirmando la comunicación telefónica de la mañana de hoy, nos es grato cursarles pedido de:

50 transistores RX/8 a 5.750 ptas./u. ....   287.500 ptas.
20 radiocasetes KT/5 a 18.250 ptas./u. ....   365.000 ptas.

                        TOTAL ....   652.500 ptas.
                        Dto. acordado: 5% ....   32.625 ptas.

                                                                    619.875 ptas.
                        I.V.A. 13% ....   80.584 ptas.

                                                                    700.459 ptas.

* Forma de pago: L/ a 90 d.f.f.
* Plazo de entrega: 20 días.
* Enviar por Transportes TRANSI, a portes debidos.

            Muy atentamente,

                                            Carmen Ardonza
                                            Dpto. de Compras

3.1.b. La carta anterior obedece al esquema usual de presentación que tiene a continuación. Rellene las casillas con el término de la lista correspondiente a cada elemento.

FIRMA - DESTINATARIO - SALUDO - ANTEFIRMA
DESPEDIDA - INTRODUCCIÓN Y TEXTO - FECHA
REFERENCIAS - MEMBRETE - ASUNTO

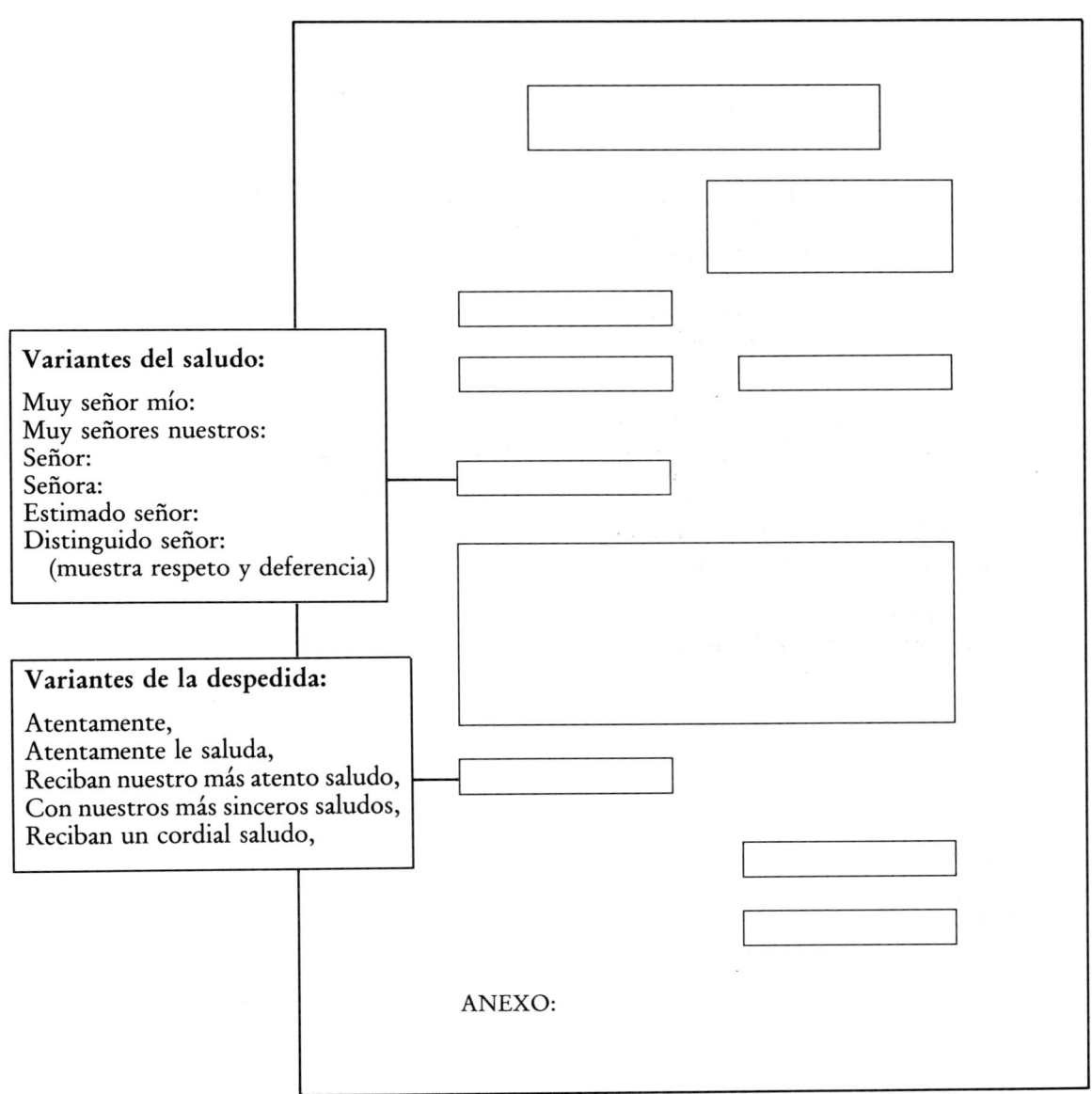

Como se muestra en el esquema, el saludo y la despedida admiten diversas variantes.

3.1.c. Trabaje con su compañero/a, y por el contexto de la carta, intenten encontrar las definiciones de las siguientes expresiones:

1. cursarles pedido: _____

_____

2. plazo de entrega: _____

_____

3. portes debidos: _____

_____

3.1.d. A continuación le damos, desordenados, los nombres que corresponden a las abreviaturas y a las siglas que hay en la carta. Escríbalas al lado de cada uno de ellos.

1. nuestra referencia
2. unidad
3. letra
4. días
5. fecha factura
6. impuesto sobre el valor añadido
7. descuento
8. pesetas
9. departamento
10. su referencia

▶▶ 5

M4

•• **4.1.** Escuche tres noticias radiofónicas sobre problemas laborales y realice las actividades que se le proponen a continuación.

Noticia 1

Marque una cruz en la casilla correspondiente, según considere que son verdaderas o falsas las afirmaciones siguientes:

	SÍ	NO
a. MEPIELES es una empresa del sector privado.	☐	☐
b. Hoy los trabajadores de MEPIELES siguen encerrados en la empresa por un tiempo indefinido.	☐	☐
c. MEPIELES va a ser adquirida por una compañía italiana dentro de muy poco tiempo.	☐	☐
d. Las 2.000 personas se manifestaron para pedir que se reemprendan las negociaciones entre los representantes del gobierno y los de los trabajadores.	☐	☐

Noticia 2

Anote:

a. A quién ha perjudicado la huelga de transportistas de Transiber.

b. Las frases de la noticia que significan:

- Suspender temporalmente la huelga.
- Dejar de suministrar leche fresca.

Noticia 3

Anote expresiones usadas en el texto de la noticia que sean sinónimas de las que se encuentran en la lista siguiente:

a. Lista que recoge los puntos que son objeto de reclamación por parte de un sindicato o de otros colectivos.

b. Incremento del sueldo, de acuerdo con el aumento de precios.

c. Personas que poseen un empleo.

d. Crecimiento de la protección estatal a los desempleados.

e. Control de los empleos que no son fijos.

Trate de resumir con sus propias palabras el contenido de la noticia.

▶▶ 6

▶▶ 7

4.2. Lea los titulares de noticias sobre diferentes empresas que se muestran a continuación y coloque las siguientes palabras en los espacios en blanco.

oferta/propuesta	participación	fusión
compra/adquisición	joint-venture	

1 **FIAT-IVECO prepara una** _____ **para adquirir ENASA**

2 **Reckipp and Colman realizan la** _____ **del 100% de la empresa Nenuco**

3 **Desestimada la** _____ **del Amro Bank y la Société Générale de Banque**

4 **Aguas de Barcelona incrementará su** _____ **en Lyonnaise des Eaux**

5 **Los japoneses usan cada vez más la** _____ **como forma de inversión extranjera**

▶▶ 8

4.3. Lea esta noticia aparecida en la prensa y, en grupos, hagan un debate sobre la medida adoptada por la empresa. Los modelos de lengua que encontrará en el cuadro VALORACIONES de la sección 9, del *Libro de ejercicios*, pueden serle de utilidad.

Salario en especie

Quinientos trabajadores de la empresa Tecnosoni, dedicada a la fabricación de televisores, protagonizaron ayer una curiosa e inédita experiencia laboral. Los empleados «cobraron» un televisor de 17 pulgadas a cambio de trabajar 7 horas en dos sábados, fuera de su jornada habitual. La dirección de la fábrica mantiene un absoluto hermetismo después de haber aceptado la original propuesta formulada por el comité de empresa.

▶▶ 9

5.1. Lea los textos siguientes y compare las figuras de los dos ejecutivos de los que se habla, incluyendo personalidad, origen familiar, aficiones, actividad profesional, etc. Utilice las expresiones que le damos en el recuadro u otras.

Ejemplo: **Tanto** el uno **como** el otro han triunfado en su profesión siendo aún muy jóvenes.

Tanto X como Y...	Ninguno de los dos...	X... En cambio Y...
Los dos/Ambos...	Ni X ni Y...	X... Sin embargo...
X... e Y también	X no... e Y tampoco	X... pero en cambio Y no
		X... mientras que Y...

Tapie, el rescatador

LUIS F. FIDALGO

La figura de Bernard Tapie se ha constituido en los últimos 10 años en una de las estrellas que brillan con luz propia en el universo empresarial francés, hasta convertirse en uno de los personajes públicos más conocidos, un claro ejemplo de triunfador que se hace a sí mismo desde las menguadas posibilidades de una familia de obreros y uno de los hombres a los que una buena parte de la juventud del país vecino —según reflejan encuestas recientes— desearía parecerse. Hoy, apenas pasada la cuarentena, este hombre se ha convertido en un especialista en adquirir empresas en crisis o en situación deficiente y, mediante unos métodos de gestión que tienen poco que ver con la ortodoxia tradicional, ha vuelto a ponerlas en rentabilidad.

A partir de esos mimbres, Tapie ha conseguido consolidar un grupo empresarial de 116 fábricas y 12.000 empleados, repartidos por los cinco continentes, y modelarse una imagen pública que destaca con luz propia en el universo empresarial. Joven, atractivo y de aspecto atlético, su figura de hombre de éxito que parece sanear cuanto toca se ha visto además realzada por algunas iniciativas que han sido notablemente amplificadas por los medios de comunicación desde su aparición como conductor en un programa de televisión hasta su incursión en el mundo del padrinazgo deportivo (...).

Siguiendo los pasos de los actores, cantantes o deportistas de éxito, Tapie ha decidido, al llegar a los 40, plasmar sus vivencias y sus métodos empresariales en un libro, *Gagner (Ganar)*, que pronto se ha alzado hasta los primeros puestos del *hit parade* del sector. Habituados a un régimen presidencialista, no deja de sorprender el sistema adoptado por Bernard Tapie, que manda su grupo de empresas —diversificado en seis áreas diferentes: agroalimentación, básculas y balanzas, audiovisual, moda, deportes y pilas— apoyándose en un reducido equipo —"los mejores de su especialidad"—, cuya opinión es decisiva para seguir adelante o aparcar un proyecto.

"Si uno solo de ellos se niega a asumir las responsabilidades de la futura reestructuración, habida cuenta del análisis que de la situación actual se ha hecho, no habrá rescate".

Su filosofía empresarial la resume en tres palabras: flexibilidad, movilidad y adaptación... y, aunque no lo dice, capacidad de persuasión y de convencimiento a las centrales sindicales. Para este hombre, que apenas si ha pasado la cuarentena, atlético, que va en su Porsche a trabajar, conduce su propio avión y tiene reservada una parte del día para practicar deporte, en recuerdo de sus años jóvenes, la actividad empresarial debe ser, ante todo, una diversión, "un lugar lúdico" (...).

Summarize

El nuevo estilo de un banquero

UN gallego que baile sevillanas es algo poco común en este país. Más raro es hacerse multimillonario en tan sólo cuatro años. (Su fortuna se calcula en más de 20.000 millones de pesetas.) Y lo inaudito por estos pagos es ser presidente de la segunda entidad bancaria española, Banesto, a los 39 años de edad. Estas tres cosas se dan en la persona de Mario Conde.

Pero Conde es ambicioso, no lo niega. Sabe que uno de cada cinco puestos directivos que hay en la empresa privada española está en el grupo Banesto, en el banco y en sus empresas. Y ahí quiere poner a gente que comparta sus ideas (aunque no su ideología), personas con ilusión, de mentalidad moderna, cuyas cartas de presentación sean la juventud, la responsabilidad y la profesionalidad. Desea, en fin, impregnar los negocios de un nuevo estilo. Su estilo (...).

Nació en Tuy (Pontevedra), donde realizó sus primeros estudios en el colegio de las monjas Doroteas. Hijo de un administrador de aduanas, su familia se trasladó a Alicante cuando él tenía nueve años y allí estudió el bachillerato con los maristas.

Saltó a Deusto, a la universidad de los jesuitas, donde se licenció en Derecho con la calificación de sobresaliente. De brillantes resultados académicos —fue el número uno de su promoción en las oposiciones a abogado del Estado en 1973—, nadie, sin embargo, le considera un empollón. Entonces, ya se divertía como nadie, sin complejos ni vergüenzas, y tenía fama de ser el más elegante de la clase.

Tiene una frustración: no haber podido ser catedrático de filosofía. Tres aficiones: bailar sevillanas, el deporte de la vela y los toros. Y una constante triple preocupación, todavía no muy bien explicada: el esoterismo, las filosofías orientales y las sectas religiosas. Tal vez su paso por las monjas Doroteas, los maristas y los jesuitas le marcó esta inclinación espiritual (...).

Tras ejercer algunos años como abogado del Estado en Toledo y en la Dirección General de lo Contencioso del Estado (en el Ministerio de Hacienda), conoció al hombre de su vida, Juan Abelló Gallo, con quien trabaría una gran amistad y planearía los negocios más espectaculares. Antes había conocido a la mujer de su vida, Lourdes Arroyo, con la que está casado.

El primer gran negocio, en 1983, fue vender Laboratorios Abelló a la multinacional Merck Sharp & Dohme por 2.700 millones de pesetas. Con este dinero, y un crédito de Bankinter de 4.000 millones, el tándem Conde-Abelló compró Antibióticos, empresa que sanearon triplicando la facturación y los beneficios. Cuatro años más tarde, en marzo de 1987, se la vendieron a la multinacional italiana Montedison por 58.000 millones de pesetas, al tiempo que dejaban 18.000 millones por la adquisición del tres por ciento de Montedison.

Fue el negocio de su vida. A partir de ahí preparó, junto con Abelló, el _asalto_ al Banesto, objetivo que conquistó plenamente el pasado 16 de diciembre, tras pagar 20.000 millones por el siete por ciento del capital, vencer la OPA hostil del Banco de Bilbao y dar un audaz golpe de mano en el consejo de administración. Ahora, ahí se sientan sus amigos y los de Alfonso Guerra, en perfecta armonía.

Gonzalo San Segundo

▶▶ 10

5.2. Oirá una entrevista en la que una mujer ejecutiva habla de las dificultades que se les presentan a las mujeres en su profesión. Tome notas y haga un resumen oral de los principales puntos.

1.1. Lea las frases siguientes y reaccione expresando acuerdo o desacuerdo, y dando un argumento en favor o en contra.

a. Para el año 2000 (y sólo faltan ocho años) el 70 por ciento de las ocupaciones serán nuevas. El problema, pues, es estudiar antes qué profesión elegir.

b. ¡Filósofos a las empresas! Pues no es ninguna tontería. Un humanista proporciona coherencia a las decisiones que deben tomar los ejecutivos.

c. Adornar un curriculum con idiomas, una estancia en Estados Unidos, informática y un máster, garantía segura para encontrar empleo.

d. Buscar un trabajo es como realizar una venta. Sólo que el producto a vender y el vendedor son una misma persona. (J. L. Martín Barrigós).

e. Los *tests* psicotécnicos son un mito. Las empresas escogen a quienes mienten de forma más refinada.

f. ¿La clave del éxito? Encontrar a las personas adecuadas, no las que han estudiado ni las más inteligentes. Las que tienen ganas de hacer cosas.

▶▶ 1

▶▶ 2

1.2.a. Lea atentamente estos anuncios de ofertas de trabajo aparecidos en la prensa y rellene el cuadro con las informaciones que haya obtenido.

1

EMPRESA NACIONAL COMERCIALIZADORA DE PRODUCTOS INTERNACIONALES EN EL SECTOR FOTOGRÁFICO NECESITA INCORPORAR

Especialista de marketing

■ Se encargará de determinar una estrategia de marketing a largo plazo y de desarrollar la promoción de los productos comercializados en el mercado español.

Se requiere:

■ Formación universitaria (ICADE, Empresariales) complementada por una especialización en marketing.
■ Experiencia de 3 a 5 años en el mundo del marketing, comunicaciones y promoción, habiendo tenido personal a su cargo.
■ Creatividad, iniciativa, buena capacidad para las relaciones personales, dotes de liderazgo y organización.
■ Residencia en Bilbao, con frecuentes desplazamientos por España y el extranjero.
■ Es preciso que hable francés e inglés con fluidez.

Se ofrece:

■ Sueldo competitivo, de acuerdo con sus características profesionales y personales, a negociar en cada caso. Incentivos previstos según logros.
■ Coche de la empresa.
■ Plan de pensiones.

Interesados envíen su historial profesional al Apartado de Correos 1359 de Bilbao.

2

BANCO NACIONAL
EN EL MARCO DE UNA ACCIÓN
DE EXPANSIÓN DEL MERCADO

precisa

PROMOTORES COMERCIALES

en toda España

— Nuestro objetivo es incorporar a nuestro grupo personas dinámicas y competentes, con vocación por la gestión comercial.

— Edad orientativa, entre 25 y 35 años, y libres del servicio militar en el caso de varones.

— Deseable titulación universitaria así como conocimiento de idiomas.

— Se valorará especialmente la experiencia en el departamento comercial dentro del área financiera.

— Facilidad para la comunicación.

Nuestro banco les ofrece:

— Retribución fija anual de 4.000.000 más interesantes incentivos en base a resultados obtenidos.

— Dietas y gastos de desplazamiento a cargo de la empresa.

— Posibilidades de promoción a corto plazo a puestos directivos.

Interesados envíen curriculum vitae, con fotografía reciente y número de teléfono al Apartado de Correos n.º 10.874 de Sevilla, indicando zonas geográficas o plazas de preferencia de destino.

3

COMPAÑÍA LÍDER EN GRAN BRETAÑA EN EL SECTOR SEGUROS, DE NUEVA IMPLANTACIÓN EN ESPAÑA, REQUIERE
DIRECTOR/DIRECTORA DE FORMACIÓN EN MADRID

Descripción del puesto:

Dependerá del Subdirector General en España y, en coordinación con el departamento de Formación en Gran Bretaña, se responsabilizará de la creación, método y ejecución de programas de formación de toda la plantilla.

Perfil del candidato:

- Titulación universitaria.
- Imprescindible un perfecto conocimiento del inglés.
- Se valorará experiencia en departamento comercial o de formación.
- Edad comprendida entre 30 y 40 años.

- Espíritu dinámico e innovador y dotes para las relaciones humanas.
- Disponibilidad para viajar frecuentemente a Inglaterra.

Ofrecemos:

- Integración en sólida empresa en desarrollo en España.
- Importante salario con posibilidades de incremento por consecución de objetivos.
- Seguro de pensión y vida.

Rogamos a los interesados remitan C. V., indicando en el sobre la referencia TA, a Edificio Alba, c/ Duque de Alba, 100. 28002 MADRID.

	Anuncio 1	Anuncio 2	Anuncio 3
Tipo de empresa			
Edad			
Tareas a desarrollar			
Posibilidades de promoción			
Titulación			
Idiomas			
Experiencia			
Cualidades personales			
Remuneración			
Ventajas anexas al salario			
Viajes			

1.2.b. En el anuncio 2 encontrará las siguientes expresiones. Busque, en los otros dos, diferentes maneras de expresar ideas similares:

Precisar - Retribución - Resultados obtenidos - Facilidad para la comunicación - curriculum vitae

▶▶ 3

▶▶ 4

▶▶ 5

▶▶ 6

▶▶ 7

2.1. EIBARSA necesita un jefe para la nueva Sección de Exportación. Escuche la conversación entre la Jefa de Marketing y el Jefe de Personal y:

a. Anote los requisitos que tendría que reunir el candidato.

b. Redacte un anuncio para la prensa.

▶▶ 8

2.2.a. En respuesta al anuncio llegan a EIBARSA una serie de cartas y currículos. Lea estos documentos de los dos candidatos seleccionados para la entrevista.

Carlos Ballesteros Cuesta
Almagro, 25, 3.º B
28002 MADRID

EIBARSA
Torre Cisneros
Oficina 234
28013 MADRID

Madrid, 24 de febrero de 1992

Señores:

Su anuncio inserto en EL PAÍS de hoy me ha llamado la atención y estoy convencido de que mis diez años de experiencia como Jefe de Sección de Ventas al Exterior en Revestimientos Monterrey, me califican para ocupar el puesto que ofrecen.

Adjunto mi curriculum vitae, donde pueden comprobar mi sólida experiencia en el campo de la promoción de productos en el extranjero y de la organización de su exportación al frente de un equipo de técnicos.

El reto que supone la supresión de fronteras en la Comunidad Europea, me lleva a considerar seriamente cesar en mi actividad actual, centrada en países en vías de desarrollo.

Agradecería la oportunidad de poder presentarme ante ustedes para poder ampliar todas las informaciones que necesiten.

Atentamente les saluda,

Carlos Ballesteros

Fdo. Carlos Ballesteros Cuesta

Pascual Rivas Duarte
Avda. de Valencia, 152
41012 SEVILLA

EIBARSA
Torre Cisneros
Oficina 234
28013 MADRID

Sevilla, 24 de febrero de 1992

Muy señores míos:

Cuento con siete años de experiencia como Responsable de Marketing-Promoción en la empresa GIBBONS, por lo cual me creo capacitado para asumir las responsabilidades que conlleva el puesto que ofrecen en su anuncio de EL PAIS de hoy.

Como pueden ver en mi historial adjunto, domino bien no sólo las técnicas de marketing, sino que también tengo gran experiencia en promocionar productos en estrecha colaboración con la conocida agencia de publicidad SYNTAGMA.

El hecho de pertenecer a una compañía multinacional, ya implantada en diferentes países de la CE, hace que conozca bien las diferentes estrategias de mercado adoptadas por nuestra firma en Europa.

Tengo un gran interés en ampliar mi ámbito de trabajo y pasar del mercado nacional al de la Comunidad Europea.

Les agradecería que me concedieran una entrevista para poder tratar más ampliamente los puntos que ustedes deseen.

Reciban un atento saludo

Fdo. Pascual Rivas

CURRICULUM VITAE

Carlos Ballesteros Cuesta

Almagro, 25, 3.º B
28007 MADRID
Teléfono 532 88 96
34 años de edad
Casado, dos hijos

Experiencia profesional

1982-Presente:

Jefe de Sección de Ventas al Exterior en Revestimientos Monterrey, en Madrid.

Mi tarea inicial fue crear una nueva sección de exportación dirigida exclusivamente al Oriente Medio y África.

Al frente de un equipo de técnicos, primero establecí en el seno de la empresa los medios administrativos y comerciales apropiados, y estudié los diferentes regímenes de comercio aplicables a la exportación a los diferentes países. Después efectué la labor de promoción de nuestros productos mediante la organización de ferias, exposiciones permanentes y misiones comerciales. Al cabo de un año conseguimos un aumento de ventas cifrado en un 32 por ciento.

Prioritariamente mi atención se dirige ahora al estudio a fondo de la potenciación y ampliación de nuestro mercado, que es cada día más competitivo.

Formación

1980:

Obtención del Master en Business Administration en la Universidad de Harvard (EE.UU.).

1979:

Licenciado en Ciencias Empresariales de la Universidad de Madrid.

Idiomas

— Excelente dominio del inglés hablado y escrito.

— Francés hablado.

Gustos y aficiones

— Jugar al tenis, practicar «jogging». La música clásica y coleccionar sellos.

HISTORIAL PROFESIONAL DE

Pascual Rivas Duarte

Avda. de Valencia, 152
41012 SEVILLA
Teléfono 453 89 12
30 años
Casado, una hija

Experiencia profesional

1985-Presente:

Responsable de Marketing/Promoción de la empresa multinacional GIBBONS, dedicada a la fabricación de artículos de limpieza.

Mis actividades se encaminan a:

— La planificación y control de los procesos de marketing.
— Promoción y lanzamiento de nuevos productos, trabajando en estrecha colaboración con la agencia publicitaria SYNTAGMA.
— Estudios de política de precios y distribución.

Formación

1983   Estudios *in situ* de las operaciones de Marketing de la empresa NIGLO Products, de Sheffield, Gran Bretaña (estancia de 6 meses).

1982   Diplomado de Estudios Empresariales en marketing en ESADR de Barcelona.

Idiomas

— Perfecto dominio del francés.
— Inglés hablado con fluidez.
— Conocimientos de alemán.

Gustos y aficiones

— Viajar, jugar al golf. Soy el presidente de la Asociación de Padres del Colegio Alonso de Ercilla, donde estudia mi hija.

2.2.b. Tomando como modelo las cartas y los currículos que acaba de leer, escriba una carta de solicitud y un historial profesional en respuesta a uno de los anuncios del apartado 1.2.

 9

3.1. Lea la carta que el Jefe de Personal de EIBARSA manda a uno de los candidatos. Después, escuche la conversación telefónica en la que se confirma la entrevista y rellene los espacios en blanco.

Estimado Sr. Rivas:

Con referencia a su solicitud para el puesto de Responsable del Departamento de Comercio Exterior, me es grato comunicarle que deseamos concertar una entrevista con usted. Le propongo el 10 del presente, a las 9.30 de la mañana, en nuestras oficinas de Madrid.

Le ruego confirme su asistencia llamándome al 453 56 21, extensión 441.

Atentamente le saluda,

Oscar Ramos
Jefe de Personal

Telefonista. EIBARSA, buenos días.

Sr. Rivas. _____
la extensión 441, por favor.

Telefonista. _____

(...)

Secretaria. _____

Sr. Rivas. _____
el señor Ramos.

Secretaria. _____

Sr. Rivas. De Pascual Rivas.

Secretaria. ¡Ah, sí, señor Rivas! Ahora mismo _____

(...)

Sr. Ramos. _____

Secretaria. El señor Rivas quiere hablar con usted.

Sr. Ramos. _____

(...)

Sr. Ramos. _____
señor Rivas. ¿Ha recibido mi carta?

Sr. Rivas. Sí, sí, y por eso _____
_____, para concretar la hora.

Sr. Ramos. ¿Le va bien el día 10?

Sr. Rivas. Sí, el 10 puedo ir, pero no podré estar ahí a las nueve y media porque el avión llega a las nueve y cuarto.

Sr. Ramos. Claro, claro... ¿Qué le parece si _____ a las diez y cuarto? Así le da tiempo de sobra para llegar.

Sr. Rivas. Muy bien, de acuerdo. _____ _____ el 10 a las diez y cuarto.

Sr. Ramos. Bien, _____

Sr. Rivas. _____

Sr. Ramos. _____

3.2.a. Mire el esquema de la conversación telefónica con el otro candidato. Rellene los espacios en blanco con las frases que faltan. Las encontrará desordenadas en la página siguiente.

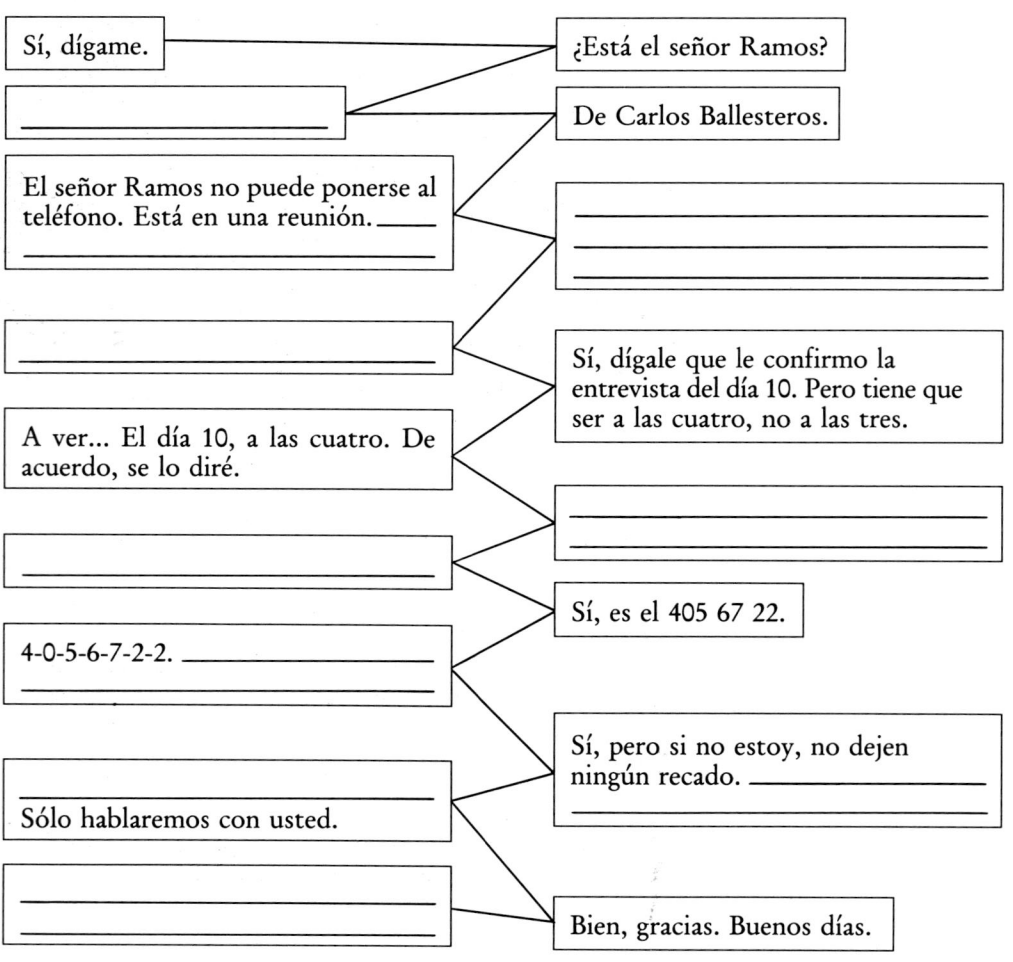

— No se preocupe, señor Ballesteros.

— ¿Puede decirme de qué se trata?

— Si quiere, puede dejarme el recado.

— Si hay algún inconveniente, que se ponga en contacto conmigo.

— ¿Es el de su despacho?

— Quiero hablar con él personalmente de este asunto.

— Adiós, buenos días.

— ¿De parte de quién?

— Mire, le llamaba para concretar el día y la hora de la entrevista que voy a tener con él.

— Bien. ¿Me recuerda su teléfono?

3.2.b. Trabajando con un compañero/a, representen los siguientes papeles.

CANDIDATO A
Usted quiere hablar por teléfono con el director, pero debe convencer a la secretaria, con argumentos, para que le pase la llamada.

SECRETARIA
Usted da las excusas habituales para que no molesten a su jefe (tiene una visita, está en una reunión, etc.); pero, si los argumentos de su interlocutor le convencen, pase la llamada.

▶▶ 10

4.1. Oirá parte de la entrevista entre el señor Ramos, Jefe de Personal, y el señor Ballesteros, candidato a ocupar el puesto ofrecido por la empresa.

a. Tome nota de toda la información que sea nueva con respecto a la contenida en el curriculum y la solicitud enviados por el candidato.

b. Vuelva a escuchar. Esta vez tome nota de las expresiones que el señor Ramos utiliza para hacer referencia a la información contenida en el curriculum y la solicitud, y para confirmarla y ampliarla.

Ejemplo: Por lo que veo...

c. Finalmente, tome nota de la forma en que el señor Ramos trata de obtener informaciones, sea por medio de preguntas directas u otras expresiones.

4.2. Juego de roles

4.2.a. Dos alumnos adoptan el papel de los candidatos para el puesto de trabajo. Los demás actúan como jefes de personal y los entrevistan. Las entrevistas pueden basarse en la información que contienen los historiales profesionales y sus cartas de solicitud, así como en el fragmento de entrevista con el señor Ballesteros; pero, en cualquier caso, podrán añadir todos los detalles que se consideren necesarios. Traten de utilizar el lenguaje presentado en el apartado 4.1.

4.2.b. Al final de la entrevista, los alumnos que han hecho el papel de jefes de personal presentan los argumentos a favor y en contra de cada candidato y proponen al que consideran más idóneo.

4.3. Lea los «consejos» que aparecen en la ilustración de la página siguiente y manifieste su acuerdo o desacuerdo con los distintos puntos.

CÓMO SUPERAR UNA ENTREVISTA

ASEO
Vaya bien aseado, pero sin que parezca que va de boda. No se embadurne en colonia.

FIRMEZA
Fundamental el primer contacto con el entrevistador/empleador: dé la mano con firmeza.

SEGURIDAD
Mire a los ojos de su empledor. No baje la mirada ni mire a la pared.

NATURALIDAD
Siéntese con naturalidad. No esté tenso. Afloje los músculos. Esté alerta, pero relajado.

DISCRECION
No se lance a hablar como un torrente. Deje que inicie la conversación el entrevistador.

LENGUAJE
Utilice un lenguaje amplio, rico, que demuestre su cultura. Pero no sea cursi. No se pase. No sea pedante.

PREGUNTE
No sólo el entrevistador quiere saber cosas de usted. Usted tiene que demostrar que quiere saber cosas de la empresa. Pregunte.

SINCERIDAD
Nunca mienta. No diga que es de un partido político a no ser que sea conocido. Explique bien sus fracasos (sobre todo en los estudios).

DINERO
No exija en el primer empleo. Más bien pregunte por las posibilidades de promoción dentro de la empresa.

DESPEDIDA
Una entrevista puede arreglarse con una buena despedida. Puede preguntar cuándo le darán una respuesta. No presuma de que tiene otras muchas ofertas.

▶▶ 11

5.1. Estudie este gráfico sobre la importancia de la preparación del directivo en distintas áreas geográficas. Trabaje con su compañero/a y:

a. Den una interpretación verbal.

    Ejemplo: En Japón es donde se da menos importancia a la capacidad de hablar en público.

b. Expresen su reacción sobre los aspectos que les llamen más la atención.

    Ejemplo: Es curioso. En Japón dan poca importancia a la capacidad de hablar en público. En cambio, es el país que da mayor importancia al conocimiento de idiomas.

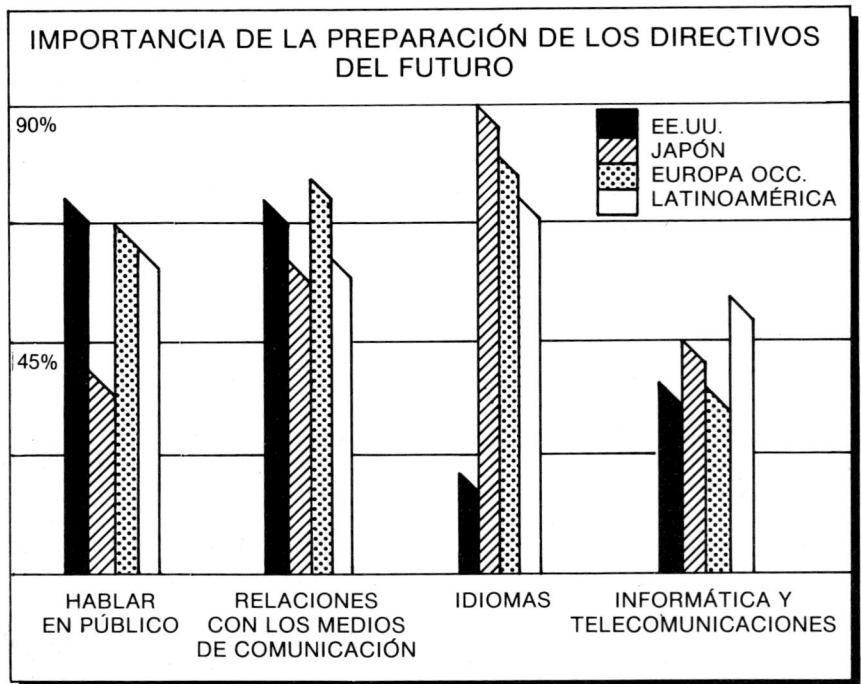

5.2. Los tres textos siguientes giran alrededor del tema del empleo.

a. Lea el texto 1 y haga una lista de los beneficios accesorios que recibirá el profesional que en él se menciona. ¿Conoce otros beneficios accesorios para altos cargos? Si es así, añádalos a la lista.

b. Según el texto 2, ¿cuáles son las principales diferencias entre el ejecutivo de nuestros días y el del año 2000?

c. El texto 3 contiene las conclusiones de un estudio realizado por el INEM entre 1985 y 1988, denominado Observatorio Ocupacional. Léalo y comente con su compañero/a:

    1. Qué conclusión le resulta más sorprendente o interesante y por qué.

    2. Cuáles, por el contrario, le parecen más previsibles y por qué.

    3. Qué profesiones supone usted que están idealizadas.

1

Los pagos en especie aligeran de impuestos a los altos ejecutivos

Hacienda persigue los coches, viviendas o acciones que las empresas entregan a sus directivos como forma de pago

Julio García Castillo

JOSÉ Luis F., hasta ahora director de marketing de una empresa mediana de informática, siente la tentación de pellizcarse fuertemente en la mejilla. Al borde de los cuarenta años va a dar el salto profesional de su vida: director general en una de las compañías punteras del sector. Un sector que, como le ha asegurado el cazatalentos que le ha fichado, registra tal expansión que no sería raro que, a la vuelta de unos meses, le llamara la mismísima Big Blue —IBM— para integrarse en la estrategia del gigante mundial.

Pero mientras llega esa posibilidad, ya sabe que sus ingresos anuales brutos van a superar los doce millones de pesetas, y que sumará a esta renta líquida diversos beneficios accesorios *(fringe benefits*, le ha dicho el americanizado *head hunter).* Desde un Ford Scorpio arrendado por la empresa en *leasing,* a un fondo de pensiones específico para altos directivos. Pasando por la posibilidad de un préstamo a bajo interés, si es que quiere cambiar de vivienda, el alta como socio en un club deportivo muy selecto, y un plan de opciones sobre las acciones de la propia empresa [...].

2

Líderes y optimistas

Para los directivos actuales, sus sucesores en el siglo XXI deberán ser, ante todo, líderes, y tener, además, la capacidad necesaria para inspirar una visión optimista de la empresa. Otra de las características que más destacan la diferencia entre ambas generaciones es que el ejecutivo futuro deberá ser «menos conservador» que el actual.

Creativo, entusiasta, imparcial, inteligente, enérgico y con gran capacidad comunicativa y de persuasión, son otras de las virtudes que deben adornar al directivo del año 2000.

Con todas ellas deberá demostrar, ante todo, ser un experto estratega, un buen gestor de los recursos humanos, disponer de amplios conocimientos de marketing y ventas y tener una gran capacidad negociadora y de resolución de conflictos. En ese orden.

El ejecutivo actual ha de responder a una escala de valores semejante, con la salvedad de que su preparación profesional en las áreas de marketing y ventas es, en estos momentos, más importante que la capacidad para gestionar el capital humano.

El siglo XXI no será sólo un período de grandes cambios, sino «una era de conflictos continuos». Desde las adquisiciones hostiles a los grandes litigios, desde el proteccionismo al espionaje empresarial, los directivos del año 2000 deberán enfrentarse a una constelación de complejas pruebas, según el estudio de Korn/Ferry.

3

Algunas de las conclusiones más importantes que se derivan del análisis son: las carreras universitarias siguen sin ser una garantía de empleo; son necesarios más cursos de formación, más cortos e intensivos; existen profesiones idealizadas que no se corresponden con la demanda del mercado; es necesario que los demandantes de empleo sepan que cada vez cobra más importancia la información; las nuevas tecnologías inciden cada vez con mayor fuerza en el mercado laboral, y, por último, un dato escalofriante, un año sin trabajar puede significar la exclusión casi definitiva del mercado laboral.

1.1. Un técnico de FIMBE, una gran fábrica de pan de molde, va a mostrar las instalaciones de la misma a un grupo de estudiantes en período de prácticas. Escuchen la introducción y tomen notas sobre los siguientes puntos:

    a. Año de creación.

    b. Producto fabricado.

    c. Causas de la dificultad de penetración en el mercado.

    d. Causas del éxito obtenido.

    e. Datos sobre la compañía en la actualidad.

1.2. Escuche cómo el técnico de FIMBE explica la disposición de las distintas dependencias al mencionado grupo de estudiantes y haga una lista de esas dependencias.

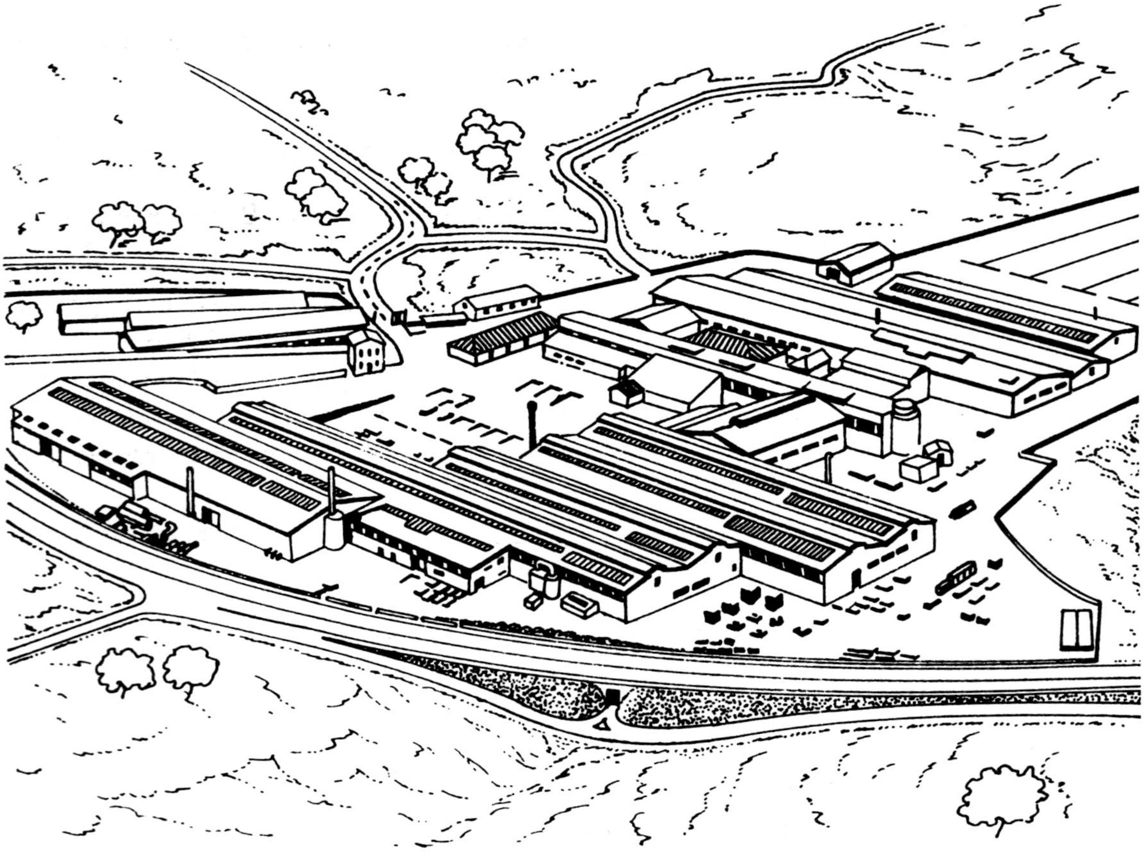

1.3. Los elementos de esta lista son los nombres de los distintos servicios. Clasifíquelos y escríbalos en las columnas correspondientes del cuadro.

Nóminas - Presidencia - Viajes - Control de Gestión
Asesoría Jurídica - Centralita de teléfonos
Organización de Recursos Humanos - Télex - Planificación
Correspondencia - Dirección Económico-Financiera
Oficina de Personal

Dirección	Comunicación	Personal

1.4. A continuación, el técnico explica la función de la dependencia en la que se encuentran.

1.4.a. Anote la estructura utilizada para definir dicha función.

1.4.b. Rellene estos espacios en blanco con los nombres de las dependencias a que corresponden. Reutilice el lenguaje de los apartados 1.2 y 1.3.

1. _____ es el lugar donde se reciben y guardan las materias primas con las que se fabricarán los productos.

2. _____ es la dependencia en la que se analizan las materias primas antes de entrar en el proceso de producción.

3. _____ es el sitio en que se guardan los productos ya fabricados.

4. _____ es el lugar destinado a las reuniones del Comité de Empresa y de las secciones sindicales.

1.4.c. Defina la función de los siguientes lugares:

1. El taller de montaje.

2. El comedor.

3. El Servicio Médico.

4. El Departamento de Personal.

1.5. Los estudiantes tienen dificultades para encontrar los diferentes departamentos y servicios de la fábrica.

1.5.a. Escuche la grabación y escriba el número de cada diálogo en la casilla del dibujo correspondiente.

1.5.b. Vuelva a escuchar la grabación y anote las diferentes expresiones que se utilizan para indicar un camino o localizar un sitio o a una persona, debajo del dibujo correspondiente.

1.5.c. Haga un plano de la fábrica o de la empresa donde usted trabaja y describa el emplazamiento de las distintas dependencias.

▶▶ 1

▶▶ 2

▶▶ 3

2.1.a. Lea las expresiones de los diferentes recuadros y asegúrese de que las entiende.

2.1.b. Tome uno o varios elementos de cada recuadro y construya frases según este modelo:

> **Modelo:** En esta fábrica textil se producen tejidos de fibra natural con acabados y aprestos de calidad, destinados al *prêt-à-porter* de gama alta.

Fábrica textil
Fábrica de instrumentos ópticos
Fábrica de productos alimenticios
Fábrica de productos químicos
Fábrica de electrodomésticos
Fábrica de automóviles
Fábrica de productos de limpieza

tejidos
detergentes
fertilizantes
helados
utilitarios
lentes
lavavajillas
aerosoles

con mando a distancia
de gran resistencia
de gran precisión
silencioso
biodegradables
sin gas perjudicial para la capa de ozono
de fibra natural
de bajo consumo energético
de gran duración
biológicos
sin aditivos
con acabados y aprestos de calidad
sin colorantes
de línea blanca
no tóxicos

destinados a la exportación
destinados a profesionales
destinados al mercado interior
destinados al gran público
destinados al *prêt-à-porter* de gama alta

▶▶ 4

2.2.a. Escuche la grabación con la continuación de la visita. La persona que da las explicaciones resume el proceso de fabricación con ocho verbos y expresiones correspondientes a las distintas etapas del mismo. Asócielos con los dibujos que representan.

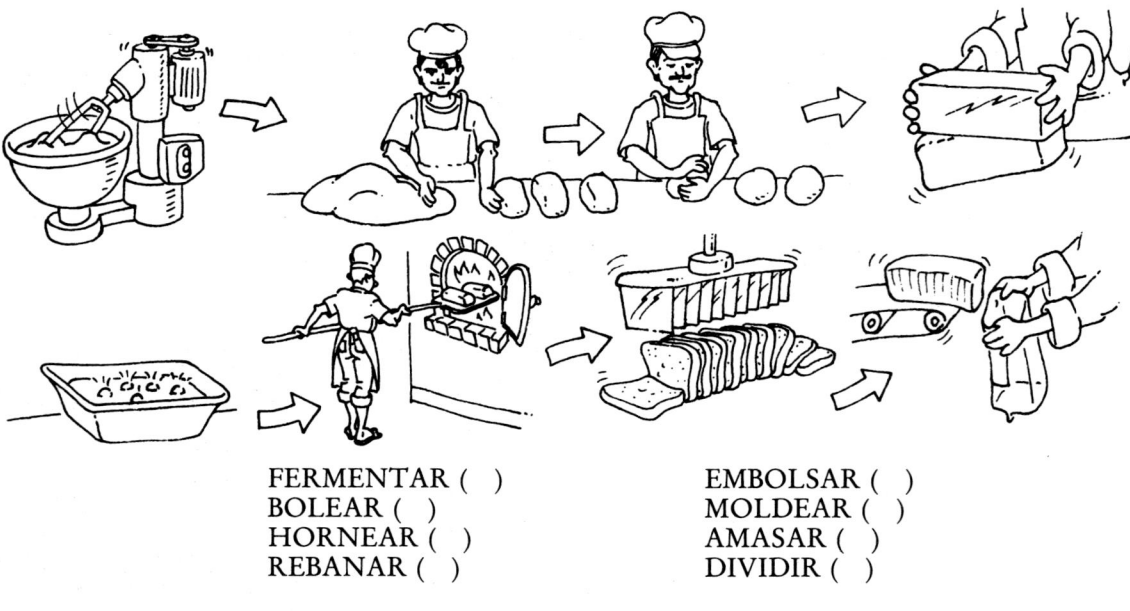

FERMENTAR ( )   EMBOLSAR ( )
BOLEAR ( )   MOLDEAR ( )
HORNEAR ( )   AMASAR ( )
REBANAR ( )   DIVIDIR ( )

▶▶ 5

2.2.b. Escuche el siguiente fragmento de la grabación, que se refiere al proceso de fabricación, y observe las referencias temporales que en él aparecen. Clasifíquelas en los siguientes apartados:

1. Elementos que indican secuencia en el tiempo.

2. Estructura que indica que dos acciones son simultáneas.

3. Expresiones que indican el fin de una etapa/fase.

▶▶ 6

▶▶ 7

2.2.c. En una explicación de un proceso de fabricación se utiliza mucho la voz pasiva o la tercera persona del singular acompañada de SE. Únicamente en la última parte de la grabación que ha escuchado hay ocho formas de estos dos tipos. ¿Puede usted anotarlas?

▶▶ 8

▶▶ 9

2.3. Sirviéndose de los elementos lingüísticos vistos en el apartado 2.2 y con la ayuda de los dibujos y de los verbos que puede utilizar en cada uno de ellos, explique el proceso de fabricación de un coche. Consulte el diccionario si es necesario.

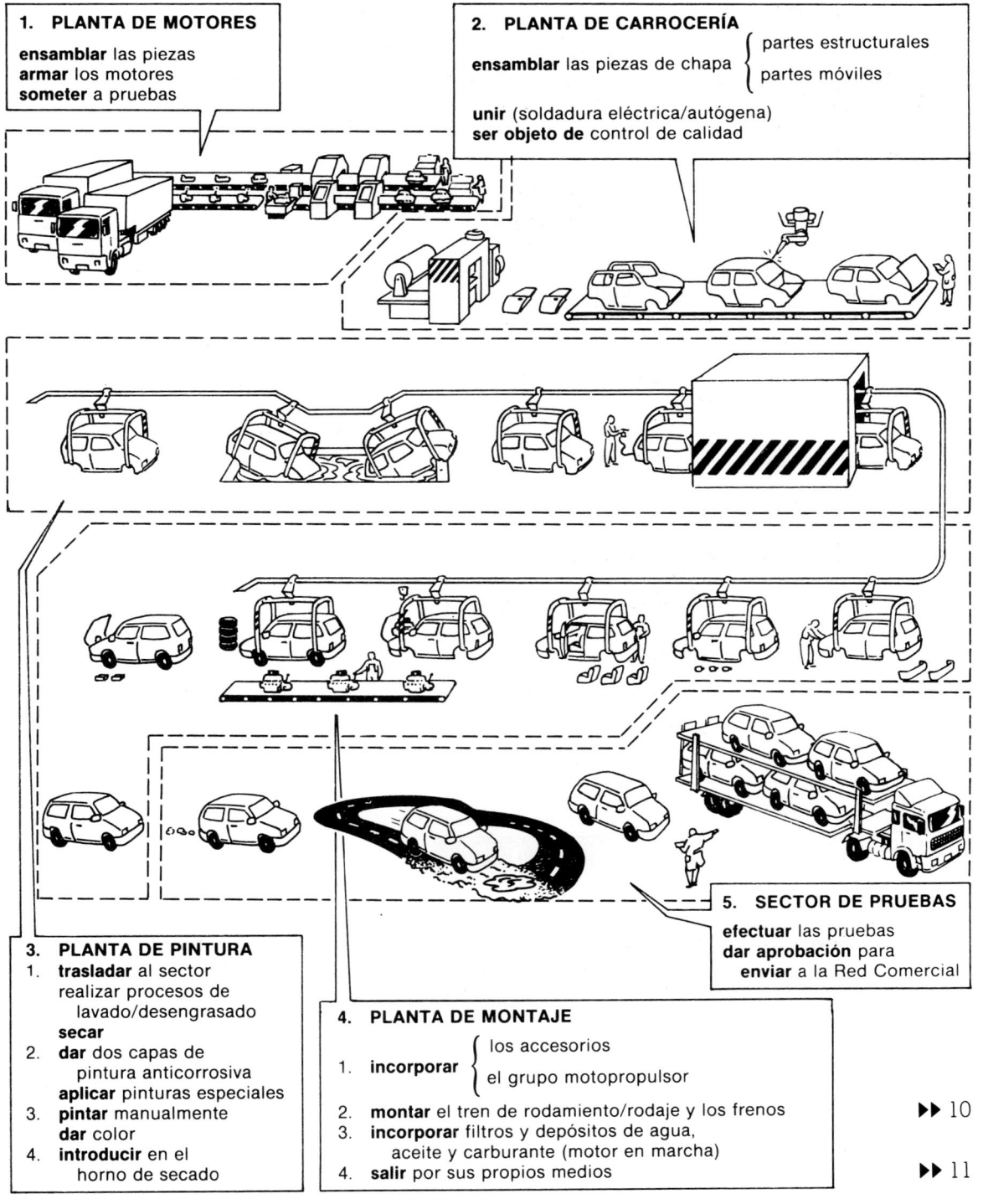

1. PLANTA DE MOTORES

ensamblar las piezas
armar los motores
someter a pruebas

2. PLANTA DE CARROCERÍA

ensamblar las piezas de chapa ⎰ partes estructurales
⎱ partes móviles

unir (soldadura eléctrica/autógena)
ser objeto de control de calidad

3. PLANTA DE PINTURA
1. **trasladar** al sector
   realizar procesos de
   lavado/desengrasado
   secar
2. **dar** dos capas de
   pintura anticorrosiva
   aplicar pinturas especiales
3. **pintar** manualmente
   dar color
4. **introducir** en el
   horno de secado

4. PLANTA DE MONTAJE
1. **incorporar** ⎰ los accesorios
   ⎱ el grupo motopropulsor
2. **montar** el tren de rodamiento/rodaje y los frenos ▶▶ 10
3. **incorporar** filtros y depósitos de agua,
   aceite y carburante (motor en marcha)
4. **salir** por sus propios medios ▶▶ 11

5. SECTOR DE PRUEBAS

efectuar las pruebas
dar aprobación para
   enviar a la Red Comercial

3.1.a. Observe los elementos principales de esta fotocopiadora. Oirá a una persona que le explica a un colega el funcionamiento de esta máquina. Tome nota de los verbos que utiliza para dar instrucciones y del tiempo verbal más usado.

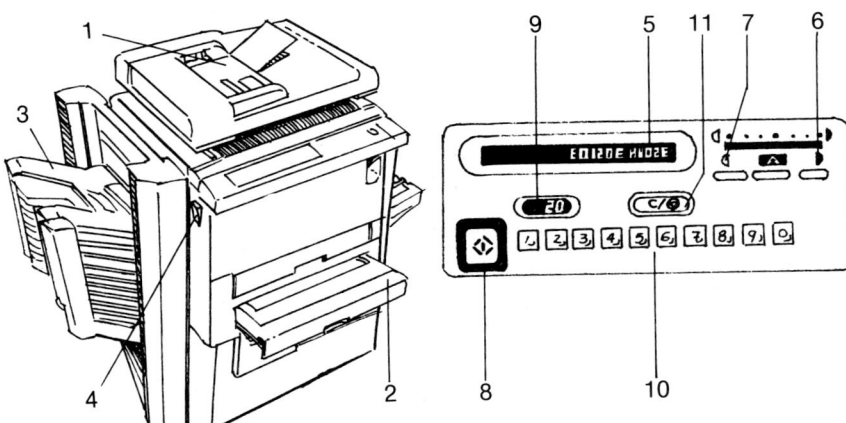

1. Bandeja receptora
2. Alimentador automático
3. Bandeja receptora de copias
4. Interruptor principal
5. Mensaje visual

6. Botón copia más oscura
7. Botón copia más clara
8. Botón de impresión
9. Visualizador cantidad copias
10. Botones cantidad de copias
11. Botón de cancelación

3.1.b. Trabaje con su compañero/a. Practiquen esta conversación utilizando tanto la forma «usted» como el tuteo.

3.2. Practique con su compañero/a: uno le da instrucciones al otro sobre cómo utilizar estos dos aparatos. Antes de empezar hagan una lista de los nombres y verbos que prevean van a necesitar.

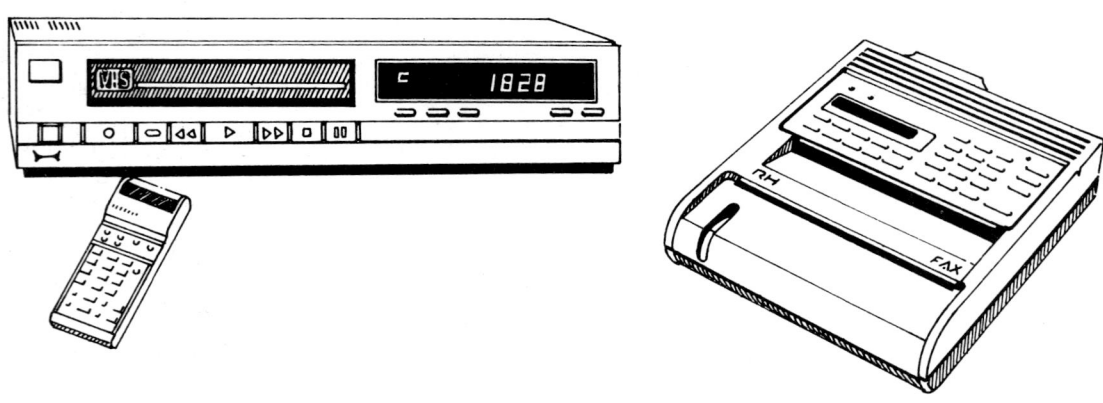

▶▶ 12

3.3. Mire la ilustración del panel de mandos de un coche y combine los diferentes elementos del cuadro para formar frases. Finalmente explique a su compañero/a el funcionamiento de algunos de los mandos de su propio coche.

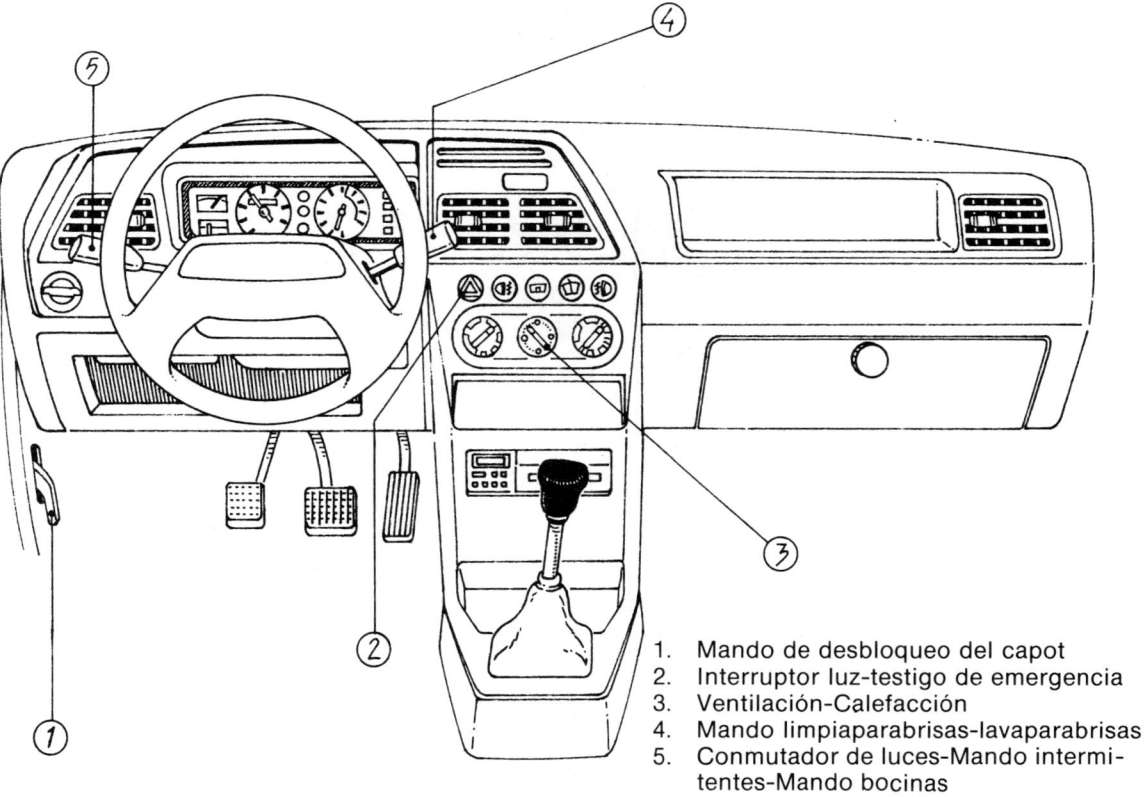

1. Mando de desbloqueo del capot
2. Interruptor luz-testigo de emergencia
3. Ventilación-Calefacción
4. Mando limpiaparabrisas-lavaparabrisas
5. Conmutador de luces-Mando intermitentes-Mando bocinas

PARA...

a. encender las luces

b. limpiar el parabrisas

c. encender las luces de carretera

d. encender los intermitentes

e. tocar el claxon

f. señalar una parada de emergencia

g. abrir el capó

h. encender la calefacción

HAY QUE...

1. tirar de la palanca

2. empujar el conmutador hacia arriba (derecho) o hacia abajo (izquierdo)

3. pulsar el botón

4. girar los mandos de temperatura y caudal de aire

5. girar el conmutador 1/4 de vuelta hacia adelante

6. presionar el conmutador en sentido axial

7. tirar del conmutador hacia el volante

8. bajar el conmutador

▶▶ 13

3.4.a. Oirá una conversación en la que el gerente de una empresa se queja al suministrador del mal funcionamiento de una fotocopiadora recientemente adquirida. Tome nota de las expresiones que utiliza para:
- explicar el problema
- reclamar medidas
- hacer una advertencia
- mostrar enfado e impaciencia

3.4.b. Las siguientes frases corresponden a la forma escrita de las funciones expresadas oralmente en el apartado 3.4.a. Decida a cuál corresponde cada una.

1. Si no atienden esta petición, que considero legal de acuerdo con lo estipulado en el contrato de venta, me veré obligado a tomar las medidas legales pertinentes.

2. Es inadmisible que una firma con una fama de seriedad y eficacia como la suya no haya tomado todavía la iniciativa para solucionar el problema.

3. Exijo que me sustituyan la actual fotocopiadora defectuosa por otra nueva de funcionamiento correcto.

4. La fotocopiadora que les compramos el 15/01/92, es decir, hace exactamente quince días, ha tenido que ser reparada tres veces por su técnico, y hoy se ha vuelto a estropear.

3.4.c. Trabaje con su compañero/a. Recuerden situaciones similares que han vivido y practiquen las correspondientes conversaciones, quejándose del funcionamiento de otras máquinas o aparatos.

▶▶ 14

▶▶ 15

3.4.d. Tomando como modelo las frases del apartado 3.4.b, redacte una carta que exponga una de las situaciones que han practicado en la actividad 3.4.c.

4.1.a. Lea la descripción de esta máquina pesadora y complete las frases que hay a continuación a modo de resumen.

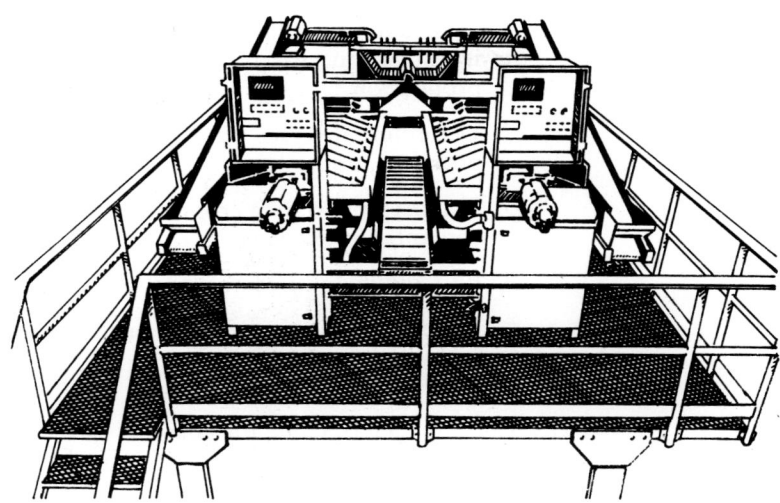

Pesadora combinada

GONZALO CASINO

La firma catalana Picmesa ha patentado una pesadora de descarga combinada para productos que deban envasarse por pesos netos y con piezas enteras. Consta, según el modelo, de 8, 12 ó 16 cabezales de pesaje alimentados automáticamente, que dan una precisión de pesada de un gramo por descarga. La pesadora figura entre las novedades del salón Tecnoalimentaria, celebrado recientemente en Barcelona.

Cada recipiente, al recibir una carga determinada, envía a un microprocesador una señal electrónica que éste traduce en peso.

Después busca la combinación más favorable dentro de los márgenes de gramos prefijados. Una vez hallada dicha combinación descarga las piezas sobre una banda transportadora que conduce a la caja de embalaje.

Opera entre un peso mínimo de 30 gramos y un máximo de cinco kilogramos, y es capaz de realizar hasta 70 pesadas por minuto, según el producto. Admite cualquier alimento, tanto fresco como congelado: pescados enteros o en filetes, mariscos, embutidos y otros productos cárnicos, repostería, hortalizas, verduras y pasta.

1. Se trata de una pesadora de descarga combinada para _____
_____
2. Consta de _____
   y un microprocesador que _____
3. Opera _____
4. Es capaz de _____
5. Admite _____

4.1.b. Escriba una breve descripción de un nuevo analizador químico, utilizando la información que se le da a continuación y los verbos presentados en el apartado anterior que considere adecuados.

1. Analizador de reflectancia próxima al infrarrojo, de uso general para investigación, así como para las decisiones de compra o control de producción.

2. Determina diversos parámetros químicos (grasa, humedad, almidón, proteínas, etc.).

3. Sistema óptico y microprocesador incorporado, más conexión a un computador exterior.

4. En segundos y sin someter el producto a procesos químicos.

5. Diversos productos: granos, piensos, alimentos, detergentes, etc.

4.1.c. Lea esta descripción. En ella aparece un verbo que no se usaba en la descripción anterior y que sirve para referirse al servicio que el sistema es capaz de prestar. ¿Cuál es?

Terminal móvil para comunicar por satélite

Un consorcio español [...] ha puesto a punto un prototipo de terminal móvil y antena para comunicaciones vía satélite. [...] El sistema, denominado Prodat, tiene una pequeña antena y permite la transmisión de datos entre usuarios móviles en tierra, en el mar y en el aire. En particular, permitirá las comunicaciones de datos en vuelo a los tripulantes de los aviones, a los pasajeros con servicio de télex, sin necesidad de enlaces de alta frecuencia, a menudo poco fiables.

4.1.d. Muchas empresas utilizan el sistema de videoconferencia. ¿Podría usted describirlo? El lenguaje presentado en apartados anteriores puede serle de utilidad.

4.2. Juego de roles

Trabaje con su compañero/a. Representen los siguientes papeles:

A.
Usted ha visitado una feria de maquinaria y ha visto un modelo de máquina que le parece idóneo para la empresa donde trabaja. En una reunión con los responsables de compras debe hacer estas cosas:
1. Describir los elementos y el funcionamiento de la máquina.
2. Destacar las mejoras que este modelo de máquina representa frente a modelos anteriores.
3. Dar los argumentos necesarios para convencerles de la conveniencia de adquirir dicha máquina.

B.
Usted es el responsable de compras. Pídale a su compañero/a el máximo de información sobre la máquina que le presenta y haga las objeciones oportunas. Al final, deberá preparar un informe para el Director General.

5.1.a. Antes de leer el texto «Tiempos modernos», asegúrese de que entiende el significado de estas expresiones, dando una definición o un término equivalente:

1. montaje artesanal
2. cadena de montaje
3. absentismo laboral
4. dar la vuelta a la tortilla
5. a la vieja usanza

5.1.b. Lea el texto y decida si las siguientes afirmaciones son verdaderas o falsas.

1. En 1927 Volvo inauguró su fábrica construyendo vehículos de forma artesanal porque no existían las cadenas de montaje.

2. La construcción de la planta de Uddevella supuso el principio del fin del trabajo en cadena.

3. La decisión de volver al trabajo artesanal se tomó, fundamentalmente, porque había que combatir el absentismo laboral.

4. La planta de Uddevella está diseñada con el fin de evitar la monotonía y la falta de realización profesional, y para crear un medio de trabajo más favorable.

5.2. Trabajen en grupos. Discutan las ventajas y desventajas del montaje artesanal, frente a la cadena de montaje, desde los siguientes puntos de vista:

- La rentabilidad.
- La economía de la empresa.
- El factor humano.

Tiempos modernos

Volvo pone en marcha un sistema de ensamblaje 'artesanal'

SARA GARCÍA CALLE
En agosto de 1924 un economista, Assar Gabrielsson, y un vendedor, Gustaf Larson, decidieron crear una fábrica de automóviles en Suecia. Con la financiación de la empresa de rodamientos SKF nació Volvo.

Volvo, una palabra latina que significa "yo ruedo", vio rodar su primer coche la noche del 14 de abril de 1927. Tardaron más de diez años en fabricar 10.000 unidades. En aquella época, pequeños grupos de cinco a ocho personas construían el vehículo según la tradición artesanal. Eran otros tiempos.

Fue en la década de los treinta cuando la casa Volvo hizo suyo el sistema de trabajo que años atrás (1914) inventó Henry Ford en su fábrica de Highland Park (Detroit). Era la cadena de montaje.

A 11 años del 2000, los directivos de la empresa sueca por excelencia de coches, autobuses, camiones y motores marinos e industriales, quieren *darle la vuelta a la tortilla* y volver a los tiempos de sus fundadores. Para ello han construido una fábrica en Uddevella (en el suroeste de Suecia) en la que se va a realizar el ensamblaje de los automóviles modelo 740 *a la vieja usanza*.

Equipos de ocho a diez personas se ocupan de juntar todas las piezas del coche manualmente, como si de un juego de Mecano se tratase.

Esta planta empezó a funcionar en agosto del año pasado y calculan que para este año producirán 10.000 vehículos para, en 1991, llegar a 40.000 con una plantilla de 1.000 personas, de la que un 40% serán mujeres. Sus responsables apuntan que cuando funcione a pleno rendimiento (por ahora sólo trabajan tres de sus seis talleres de producto) se conseguirá abaratar en un 10% el coste de fabricación de cada automóvil.

Detrás de esta flamante fábrica hay todo un proceso de creación que comenzó en 1974, cuando se inauguró la planta de Kalmar que ha servido como base para el proyecto de Uddevella. Este primer paso consistía en que cada trabajador montaba varios componentes en el vehículo en vez de hacerlo de uno en uno. Empezaba el destierro del trabajo en cadena. Se daba así la razón a Charles Chaplin cuando ridiculizó esta mecanización de la labor profesional en su película *Tiempos modernos*.

Absentismo laboral

Pero no fueron razones económicas las que llevaron a dar este giro en el sistema de producción, sino razones laborales y sociales.

Los propios responsables de Volvo coinciden en afirmar que el absentismo laboral en Suecia es escandaloso.

La monotonía del trabajo y la poca realización profesional de los trabajadores están detrás de este absentismo que supera con creces al de otros países, como por ejemplo el observado en la fábrica que esta firma tiene en Bélgica. Para lograr lo que ellos llaman "la mejor armonía social", un máximo del 25% de los obreros tiene 25 años, mientras que los mayores de 45 no sobrepasan otro 25%.

Hasta llegar a estos hechos han recorrido un largo camino que empezó en los años 70. En 1985 Volvo AB puso en marcha una investigación sobre la influencia del medio de trabajo sobre el organismo de los obreros de la fábrica principal que la empresa posee en la ciudad de Gotemburgo, también en el suroeste del país.

Ahora, sus compañeros de la nueva planta de Uddevella *construyen* los coches mientras escuchan al grupo *heavy Europe* y lo hacen en un lugar que dista mucho de las fábricas tradicionales de coches; más bien parece un taller de mecánica sin una sola mancha de aceite; es más, todo es de un blanco inmaculado, tanto, que parece un hospital.

Los empleados de esta fábrica se trasladan de un lugar a otro en unos curiosos artefactos automáticos de reducido tamaño, que se deslizan por la planta sin emitir el más mínimo ruido ni olor. La limpieza y la juventud de los trabajadores la asemejan más a la nave nodriza de la película *La Guerra de las Galaxias* que a una fábrica de automóviles.

1.1. Lea el fax que recibe la compañía de transitarios Arzábal, S. A. y busque:

a. Las palabras que corresponden a las siguientes definiciones:

Cálculo anticipado del coste de una operación: _____

Lugar a donde se dirige una persona o cosa: _____

Espacio vacío de alguna cosa en la que cabe otra u otras: _____

b. Un sinónimo de:

dimensiones: _____

informaciones: _____

envío: _____

26.10.92   16:21   CUIRPIEL   P.01

Señor Conde:

    Le ruego me facilite presupuesto y características para la expedición de la siguiente mercancía:

— Zapatos en caja .
— Medidas: 63 cm largo × 51 cm ancho × 12 cm alto.
— Peso: 1.300 gr.
Total unidades: 200.000.
Destino: Lyon.
Destinatario: Chaussures ROBERT.

    Creo que los siguientes datos podrán facilitarle el estudio de la operación:

    Según mi criterio, en un semi-remolque de 13,59 m largo × 2,50 m ancho × 2,45 m alto, de una capacidad de 75 m^3, pueden transportarse 1.580 unidades.

    Esperando su pronta respuesta, le saluda atentamente,

Fdo.: Olga Arantxa

▶▶ 1

▶▶ 2

▶▶ 3

1.2. El transitario Arzábal manda este fax en respuesta a la solicitud hecha en el apartado 1.1 por CUIRPIEL.

Arzábal   F A X

A: O. Arantxa-CUIRPIEL
DE: A. Conde
FECHA: 21-01-92   N.° PÁGINAS: 1

Le informamos de lo solicitado por ustedes.

a)   Medidas interiores de los semi-remolques:
13 m largo × (1) _____ m ancho × (2) _____ m alto.
Paletizando la mercancía en palets de 120 cm × (3) _____ cm, cabrían (4) _____ palets en la base del semi-remolque, y dependiendo de su altura, podrían cargarse (5) _____ en cada semi-remolque.

b)   Transporte Bilbao/Lyon.

Teniendo en cuenta que la mercancía tiene que estar entregada antes del (6) _____ de mayo y que debemos reservar el número de viajes que nos permita efectuar la totalidad del envío, el flete por semi-remolque sería de pesetas (7) _____.
Cuando conozcamos el número de cajas que Vds. pondrán en cada palet, podremos saber el número de semi-remolques que necesitamos.

Quedamos a su disposición para cualquier consulta.

Saludos.

A. Conde

A continuación escuche la conversación entre la compañía de transitarios y CUIRPIEL en la que se concretan los detalles del envío. Con la información que obtenga, complete el texto del fax.

▶▶ 4

▶▶ 5

▶▶ 6

1.3. Lea la definición de **embalaje** y escuche la grabación. Decida a qué dibujo corresponde cada una de las definiciones y anote su número debajo.

Embalaje: Caja o cubierta con la que se protegen los objetos que tienen que ser transportados.

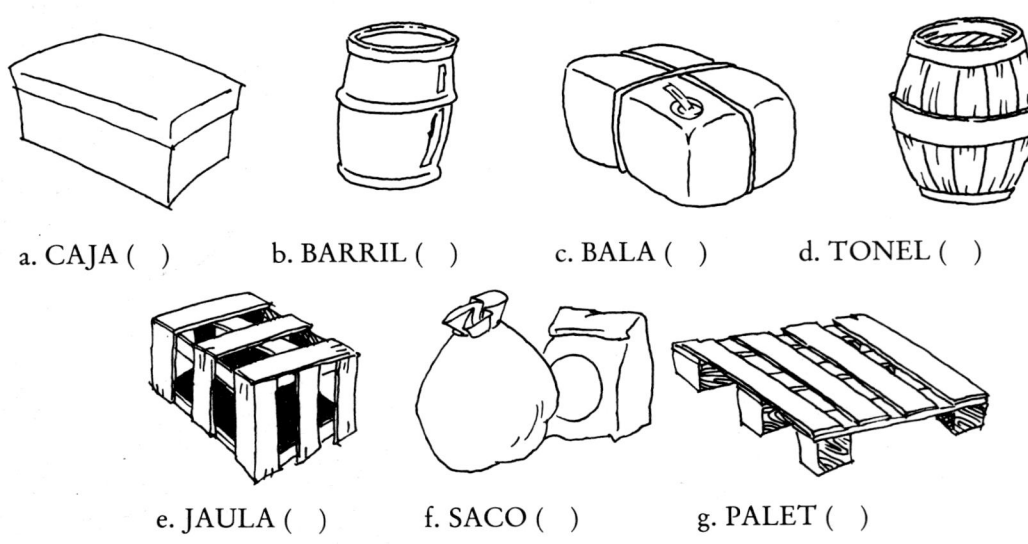

a. CAJA ( )   b. BARRIL ( )   c. BALA ( )   d. TONEL ( )

e. JAULA ( )   f. SACO ( )   g. PALET ( )

1.4. Combine los elementos de los tres cuadros, junto con los nombres de embalajes del apartado 1.3, y construya frases según el modelo.

Modelo: Para transportar objetos de porcelana se necesita una caja que esté acolchada, porque es un producto frágil.

▶▶ 7

MERCANCÍAS	
porcelana	arroz
máquinas herramientas	arenques
productos químicos	pesticidas
plátanos	naranjas
objetos de cristal	

CARACTERÍSTICAS DE LAS MERCANCÍAS	
tóxicas	peligrosas
perecederas	se estropean con la humedad
inflamables	pesadas
voluminosas	frágiles

CARACTERÍSTICAS DEL EMBALAJE

fabricado con material aislante
acolchado
hermético
precintado
sellado
forrado con material protector
refrigerado

▶▶ 8

▶▶ 9

M2

2.1. Relacione los nombres de medios de transporte con su ilustración correspondiente.

furgón ( )	**camión frigorífico ( )**
ro-ro ( )	**vagón cisterna ( )**
buque portacontenedores ( )	**vagón plataforma ( )**
semi-remolque ( )	**buque tanque ( )**

1
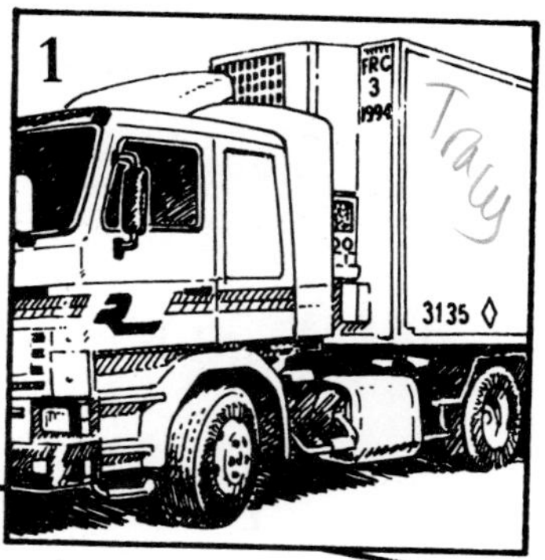

2
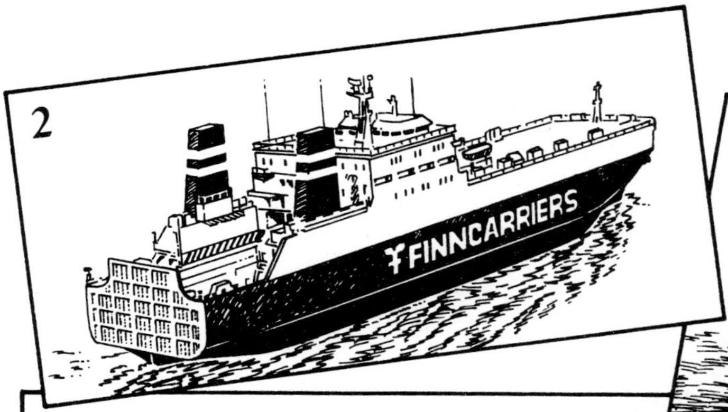

3
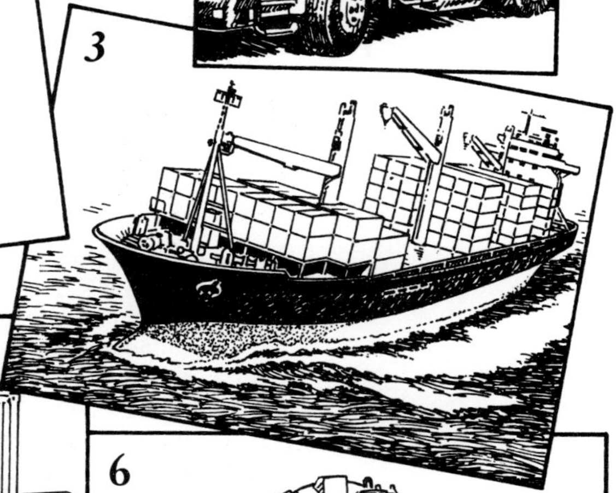

4
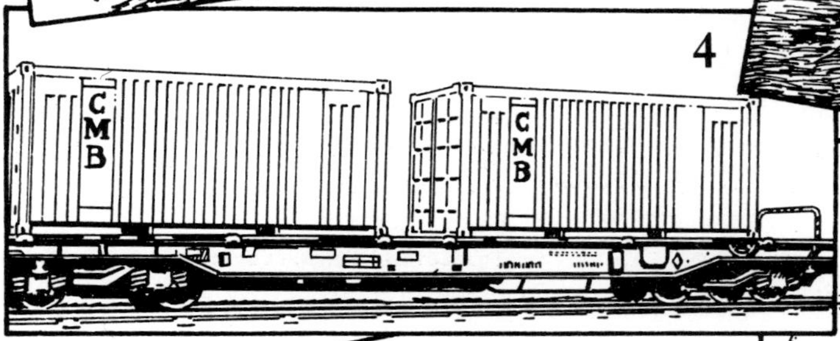

6
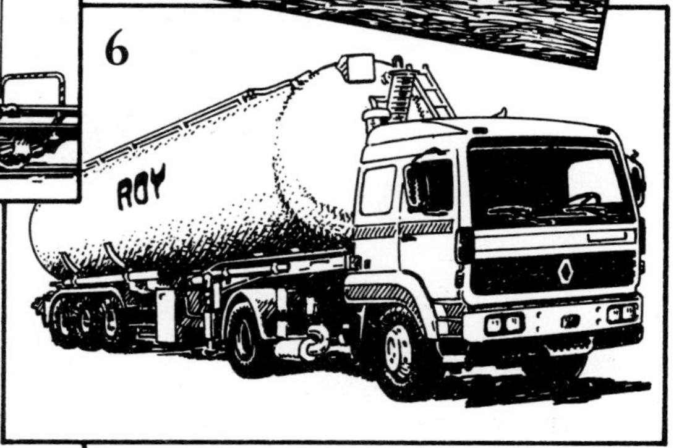

5
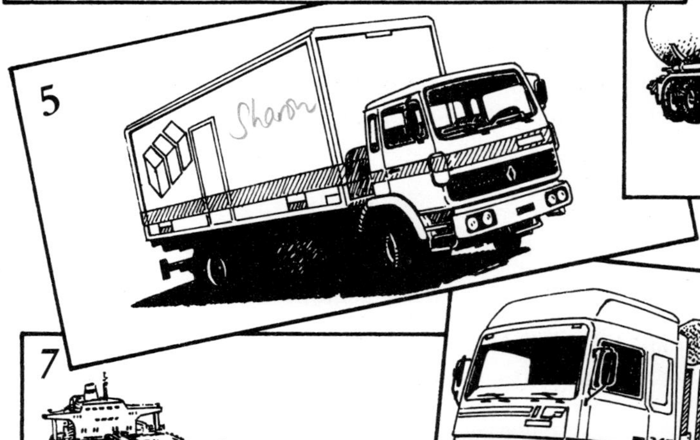

7
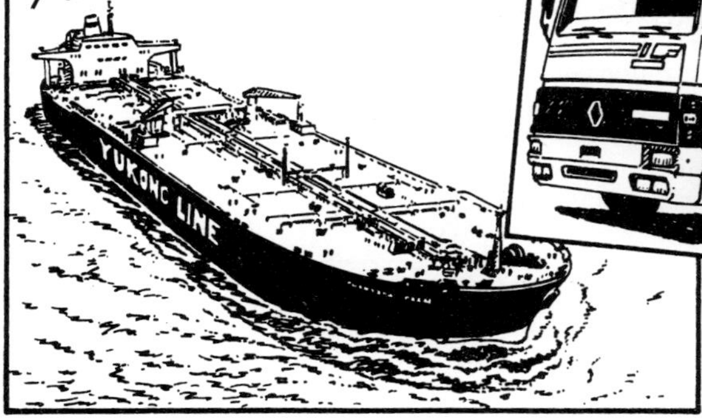

8
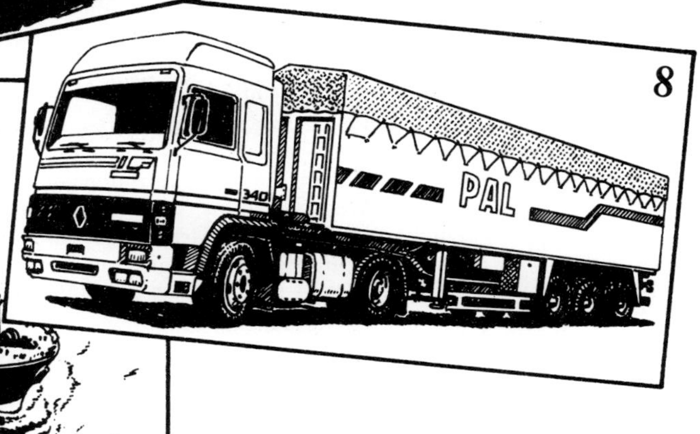

▸▸ 10
▸▸ 11
▸▸ 12
▸▸ 13

2.2.a. Trabaje con su compañero/a. Lean los títulos de las tres noticias aparecidas en revistas especializadas para transportistas y traten de imaginar el contenido de la noticia a la cual corresponden.

Los contenedores *iontainers*
VÍCTIMAS
DE LAS BANDAS
ILEGALES

1

Grecia registra la mayor parte de su flota bajo bandera de conveniencia

2

Ruta transiberiana: la perestroika no alcanzó el éxito

3

2.2.b. Relacione los títulos con su noticia correspondiente.

A Según un estudio efectuado por el Lloyd's Register, los barcos griegos representan el 13% de la flota mundial; el total de barcos manejados *managed/operated* por armadores griegos asciende a 2.487, lo que representa unos 85 millones de toneladas brutas. Sin embargo, gran parte del tonelaje total no está precisamente registrado bajo bandera griega, un elevado porcentaje lo está bajo bandera de conveniencia, principalmente chipriota. 664 barcos navegan con bandera de Chipre, mientras que con bandera griega y si lo comparamos con el total del tonelaje controlado por los griegos, solamente están registrados 1.076 barcos.

Algunas nacionalidades bajo las que se registra la flota griega

Nacionalidad	Registro
Bahamas	41
Bangladesh	2
Bermuda	1
Isla Cayman	1
Chipre	664
Egipto	6
Francia	2
Gibraltar	10
Grecia	1.076
Honduras	34
Kuwait	1
Líbano	13
Liberia	187
Malta	114
Nueva Zelanda	3
Panamá	300
Filipinas	5
St. Vincent	3
Arabia Saudita	10
Singapur	3
Sri Lanka	5
Gran Bretaña	5
Vanuatu	1
Total	2.487

B El frecuente hurto de mercancías *goods* de los contenedores, así como el cambio de las mismas por otras consideradas ilegales, ha alertado a países como Gran Bretaña y EE.UU., que han desplegado *deployed* a nivel mundial una red de agentes policiales especialistas en detectar cualquier irregularidad en el tráfico de mercancías. Botellas de vino, whisky, cartones de tabaco y mercancía electrónica son los artículos preferidos por estas bandas criminales, desapareciendo cada año una gran cantidad de artículos que se pueden cifrar en miles. Asimismo, otro de los temas que preocupan a los gobiernos es la introducción de narcóticos en los contenedores, sin que el intermediario tenga conocimiento del peligro que transporta.

La ruta transiberiana como alternativa al servicio de contenedores vía marítima ha perdido en los últimos años gran parte de su atracción. El Ministerio Soviético no permanece ajeno al hecho de que los barcos de contenedores que cargan de Europa hacia Asia, principalmente Japón, se llevan la mayoría de las mercancías y la idea de transportar estos contenedores a través de la línea de ferrocarril entre Europa vía Asia, Rusia hasta Japón está viéndose fracasada. En los años 80 este servicio puente, a través del ferrocarril, contaba con una participación de tráfico del 10%, mientras que en la actualidad cuenta con un 5%.

Moscú ha declarado abiertamente no poder continuar cubriendo los gastos a través del tráfico existente y las pérdidas originadas en los últimos 6 años han ascendido a varios millones de dólares.

Una de las razones de esta falta de éxito de la ruta transiberiana está en que la relación precio-pedido y ofrecimiento de servicios marítimos han ido evolucionando a favor de una mayor seguridad, mientras que los transportes vía ferrocarril y vía Siberia se han mantenido siempre en la misma línea.

Varias están siendo las críticas dirigidas al Ministerio de Comercio Soviético por su incapacidad de realizar un itinerario con garantías para los embarcadores entre Europa y Asia y viceversa, vía ferrocarril.

C

2.2.c. Una vez leídas las noticias, conteste a estas preguntas sobre cada una de ellas:

Noticia 1

a. Busque en el texto las dos palabras relacionadas con el verbo **robar**.

b. ¿Cuáles son los dos problemas relacionados con los contenedores?

c. ¿Cuáles son las medidas adoptadas por Gran Bretaña y EE.UU.?

Noticia 2

a. ¿Cuáles son los cuatro países preferidos por los armadores griegos para registrar sus buques?

b. Aunque no se explica en el texto, ¿puede imaginar cuál es la razón de este fenómeno?

Noticia 3

a. Busque en el texto otras expresiones equivalentes a **no alcanzó el éxito**.

b. Explique cuál es la razón del fracaso de la ruta transiberiana. Hágalo con sus propias palabras, tratando de imaginar lo que el periodista no dice claramente.

▶▶ 14

▶▶ 15

3.1. Los precios propuestos por el vendedor en Comercio Internacional se presentan acompañados de un Incoterm, es decir, de un término que establece claramente la repartición de los gastos y de los riesgos entre el vendedor y el comprador.

Le presentamos los Incoterms de 1990, según la clasificación de la Cámara de Comercio Internacional.

a. Asocie las siglas usadas internacionalmente para cada uno de los Incoterms con su denominación en español.

1. EXW   8. CIP
2. FCA   9. DAF
3. FAS   10. DES
4. FOB   11. DEQ
5. CFR   12. DDU
6. CIF   13. DDP
7. CPT

a. franco al costado del buque (puerto de carga convenido).
b. coste, seguro y flete (puerto de destino convenido).
c. en fábrica (lugar convenido).
d. transporte pagado hasta (lugar de destino convenido).
e. franco transportista (lugar convenido).
f. entregada en frontera (lugar convenido).
g. entregada en muelle, derechos pagados (puerto de destino convenido).
h. entrega sobre buque (puerto de destino convenido).
i. coste y flete (puerto de destino convenido).
j. entregada, derechos no pagados (lugar de destino convenido).
k. entregada, derechos pagados (lugar de destino convenido).
l. transporte y seguro pagados hasta (lugar de destino convenido).
m. franco a bordo (puerto de carga convenido).

b. Mediante el cuadro siguiente, defina de una manera más completa cada uno de los Incoterms que contiene. Siga el modelo.

Modelo: EXWORKS: La única responsabilidad del vendedor consiste en poner la mercancía a disposición del comprador en su establecimiento. El comprador carga con todos los gastos y riesgos inherentes al transporte desde este punto al lugar de destino.

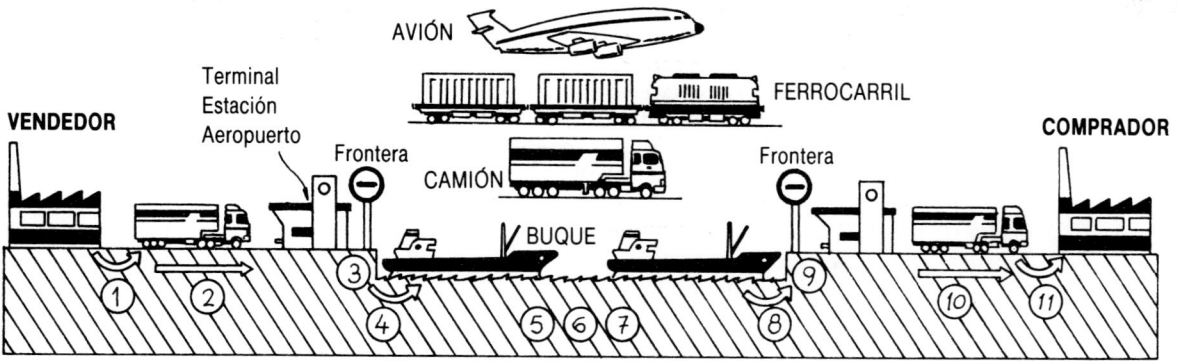

Partidas de costes de la cadena de transporte

1 Carga de la mercancía en la fábrica.

2 Transporte hasta la terminal estación/aeropuerto.

3 Formalidades de aduana (exportación).

4 Carga de la mercancía en el modo de transporte principal (gastos no incluidos en el flete).

5 Contrato de transporte principal.

6 Flete.

7 Seguro.

8 Descarga de la mercancía (gastos no incluidos en el flete).

9 Formalidades de aduana (importación).

10 Transporte hasta el almacén del comprador.

11 Descarga en el almacén del comprador.

	1	**2**	**3**	**4**	**5**	**6**	**7**	**8**	**9**	**10**	**11**	Modo de transporte
EXW	○	○	○	○	○	○		○	○	○	○	Todos
FCA	●	○	●	○	○	○		○	○	○	○	Todos
FAS	●	●	○	○	○	○		○	○	○	○	Buque
FOB	●	●	●	●	○	○		○	○	○	○	Buque
CFR	●	●	●	●	●	●		○	○	○	○	Buque
CIF	●	●	●	●	●	●	●	○	○	○	○	Buque
CPT	●	●	●	●	●	●		○	○	○	○	Todos
CIP	●	●	●	●	●	●	●	○	○	○	○	Todos
DAF	●	●	●	●	●	●		●	○	○	○	Todos
DES	●	●	●	●	●	●		○	○	○	○	Buque
DEQ	●	●	●	●	●	●		●	●	○	○	Buque
DDU	●	●	●	●	●	●		●	○	○	○	Todos
DDP	●	●	●	●	●	●		●	●	○	○	Todos

○ = comprador   ● = vendedor

4.1. Los documentos cuyos nombres tiene a continuación son obligatorios para los transitarios y para los transportistas en el momento de hacer una expedición internacional de mercancías. Los que llevan los números 2, 3, 4 y 5 fueron establecidos por la FIATA (Federación Internacional de las Asociaciones Auxiliares de Transporte) para establecer reglas uniformes en la documentación del transitario.

Escriba en el espacio en blanco la letra correspondiente a la definición de cada documento.

1. ( ) Carta de porte (CIM).
2. ( ) Licencia de importación.
3. ( ) Certificado de recepción del transitario (FCR).
4. ( ) Certificado de transporte del transitario (FCT).
5. ( ) Conocimiento negociable para el transporte combinado (FBL).
6. ( ) Carta de porte internacional (CMR).
7. ( ) Conocimiento de embarque.
8. ( ) Factura comercial.
9. ( ) Certificado de seguros.
10. ( ) Declaración de aduana.
11. ( ) Carta de porte aéreo.
12. ( ) Certificado de origen.
13. ( ) Factura consular.
14. ( ) Documento Único Aduanero (DUA).

a. Es un contrato de transporte aéreo y un recibo de la mercancía. No es negociable.

b. Por este documento el transitario se hace cargo de la mercancía, del transporte combinado y de la entrega, en nombre propio y de las personas implicadas.

c. Documento que prueba cuál es el país de origen de las mercancías.

d. El transitario se compromete a que la mercancía sea entregada en su lugar de destino a un receptor elegido por él y que quedará encargado de esta operación.

e. Contrato de transporte por carretera y un recibo de las mercancías. No es negociable.

f. Es una factura certificada por el cónsul del país importador.

g. Documento librado por la compañía de seguros en el que constan las condiciones de la póliza, así como los riesgos que cubre.

h. Documento utilizado en el transporte marítimo. Es a la vez un recibo, un contrato de transporte y una prueba de la propiedad de las mercancías. Es negociable.

i. Documento no negociable que entrega el transitario al comitente en el momento de la toma de posesión de la mercancía.

j. Es un documento que indica el coste de la mercancía y da detalles suplementarios sobre las marcas y números, el seguro y gastos diversos.

k. Es el documento preparado por el importador o el exportador en que se declaran las mercancías a la aduana.

l. Documento que da la autorización para importar ciertas mercancías.

m. Es un contrato de transporte por ferrocarril y un recibo de la mercancía. No es negociable.

n. Es un documento obligatorio para el tránsito de mercancías entre los países miembros de la CE y otorga el derecho a la libre circulación.

4.2. Escuche la conversación telefónica entre dos empleados de una compañía naviera y complete el conocimiento con los datos que obtenga.

Remitente *Consignor*	**FBL**	N.º		**ES**

CONOCIMIENTO FIATA
NEGOCIABLE PARA EL
TRANSPORTE COMBINADO
Expedido bajo las Normas
Unificadas de la ICC
para el Documento de Transporte Combinado
(Publicación ICC 298)

NEGOTIABLE FIATA
COMBINED TRANSPORT
BILL OF LADING
issued subject to ICC Uniform Rules
for a Combined Transport Document
(ICC publication 298)

Consignado a la orden de/*Consigned to order of*

ORIGINAL

Notify address

Lugar de recepción/*Place of Receipt*

Buque oceánico/*Ocean vessel*   Puerto de embarque/*Port of loading*

Puerto de descarga/*Port of discharge*   Lugar de destino/*Place of Delivery*

Marcas y números	Número y clase de bultos	Descripción de la mercancía	Peso bruto	Medidas
Marks and numbers	*Numbers and kind of packages*	*Description of goods*	*Gross weight*	*Measurement*

Según declaración del remitente/*according to the declaration of the consigner*

La ejecución del presente contrato está sujeta a las condiciones generales impresas al dorso
The goods and instructions are accepted and dealt with subject to the Standard Conditions printed overleaf

La mercancía ha sido recibida en aparente buen estado y condiciones, a menos que se haga constar expresamente lo contrario en este documento, para proceder a su transporte y entrega según instrucciones mencionadas más arriba.
Uno de los ejemplares del conocimiento para el transporte combinado, deberá ser entregado a cambio de la mercancía. Para dar fe de todo ello los conocimientos originales para el transporte combinado se firman en el n.º de originales citado más abajo, confirmando así su contenido y fecha, quedando, anulados todos los demás al ejecutarse uno de ellos.

Taken in charge in apparent good order and condition, unless otherwise noted herein, at the place of receipt for transport and delivery as mentioned above.
One on these Combined Transport Bills of Lading must be surrendered duly endorsed in exchange for the goods. In Witness whereof the original Combined Transport Bills of Lading all of this tenor and date have been signed in the number stated below, one of which being accomplished the other(s) to be void.

Importe del flete/*Freight amount*	Flete pagado en/*Freight payable at*	Lugar y fecha de expedición/*Place and date of issue*
Seguro por cuenta de los que suscriben *Cargo Insurance through the undersigned* ☐ no cubierto ☐ c u b i e r t o *covered accor-* *not covered* según póli- *ding to attached* za adjunta *policy*	Número de FBL originales *Number of Original FBL's*	Sello y firma/*Stamp and signature*
Para la entrega de la mercancía rogamos dirigirse a *For delivery of goods please apply to*		

▶▶ 16

5.1. Lea este texto sobre distribución y rellene los espacios en blanco con las palabras y expresiones de la lista.

fabricantes	al por mayor
distribución	componentes
detallistas	mayoristas
materias primas	hipermercados
al por menor	distribuidores
facturación	autoservicios

Los productos que manufactura una fábrica a partir de (1) _____ o (2) _____ se venden (3) _____ a los llamados mayoristas, quienes, a su vez, los venden a (4) _____, es decir, comerciantes que venden sus productos (5) _____ a sus clientes.

El éxito de un producto nuevo depende en gran medida de que tenga una buena (6) _____. Hoy en día las reglas del juego entre (7) _____ y (8) _____ están cambiando, debido al creciente poder de la distribución. Los (9) _____, las cadenas de (10) _____ y agrupaciones de (11) _____ están alcanzando volúmenes de (12) _____ que les permiten imponer sus condiciones a la industria.

5.2.a. Interprete verbalmente este gráfico. Puede seguir este modelo:

Modelo: De los X establecimientos que existían en 19__ se pasó a X, y se estima que en 19__ se alcanzarán los ___.

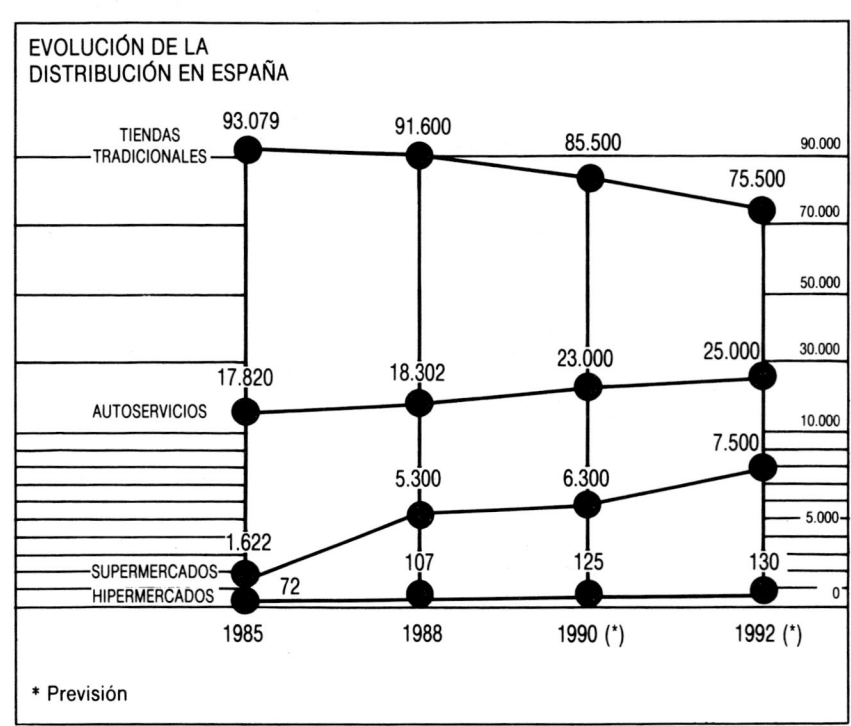

5.2.b. Comente los datos del gráfico. Dé su opinión personal sobre los siguientes aspectos.

- Causas.
- Consecuencias.
- Comparación con otros países.

5.2.c. Los datos del gráfico parecen confirmar el ocaso del tendero tradicional. Escuche algunas opiniones al respecto de pequeños comerciantes y ejecutivos del sector de grandes superficies y tome notas.

5.2.d. Trabajen en grupos. La mitad de los componentes del grupo hará el papel de pequeño comerciante, y la otra mitad, la de directivo de gran superficie. Debatan el problema de la implantación de grandes superficies y traten de llegar a algunos acuerdos. Pueden utilizar las notas que han tomado anteriormente, pero traten de añadir otros puntos de vista personales.

5.3.a. Lea esta definición de franquicia y coloque las palabras franquiciadora y franquiciada en el espacio correspondiente.

La franquicia o *franchising* es una forma de colaboración en la que participan dos empresas, que son jurídica y financieramente independientes. Por una parte, está la propietaria de una marca, producto o servicio, o de unos sistemas de comercialización originales. Es la (1) _franquiciadora_, que concede a la otra parte, (2) _franquiciada_, el derecho a explotar un negocio basado en una tecnología comercial uniforme y ya experimentada.

5.3.b. Las franquicias suelen dividirse en cuatro tipos, según sean de producción, de distribución, de servicios o industriales. ¿A cuál corresponde cada una de las cuatro definiciones?

1. El franquiciador es el fabricante de los productos y propietario de la enseña. La marca de éstos es el hecho distintivo frente al mercado. El franquiciado vende sólo esos productos. *producción*	2. Presenta la peculiaridad de que el franquiciador transmite también al franquiciado el derecho a fabricar y la tecnología para la fabricación de los productos. *industrial*
3. El franquiciador ofrece una fórmula diferente de prestación de cualquier tipo de servicio, que va acompañada de un método específico. *servicios*	4. El franquiciador funciona como una central de compras en la que se seleccionan los productos más adecuados y se negocian los mejores precios y condiciones con los proveedores. *distribución*

5.3.c. Compare estos datos con los de otros países que conozca. ¿Coinciden? ¿Puede citar algunas de las más importantes franquicias en cada sector?

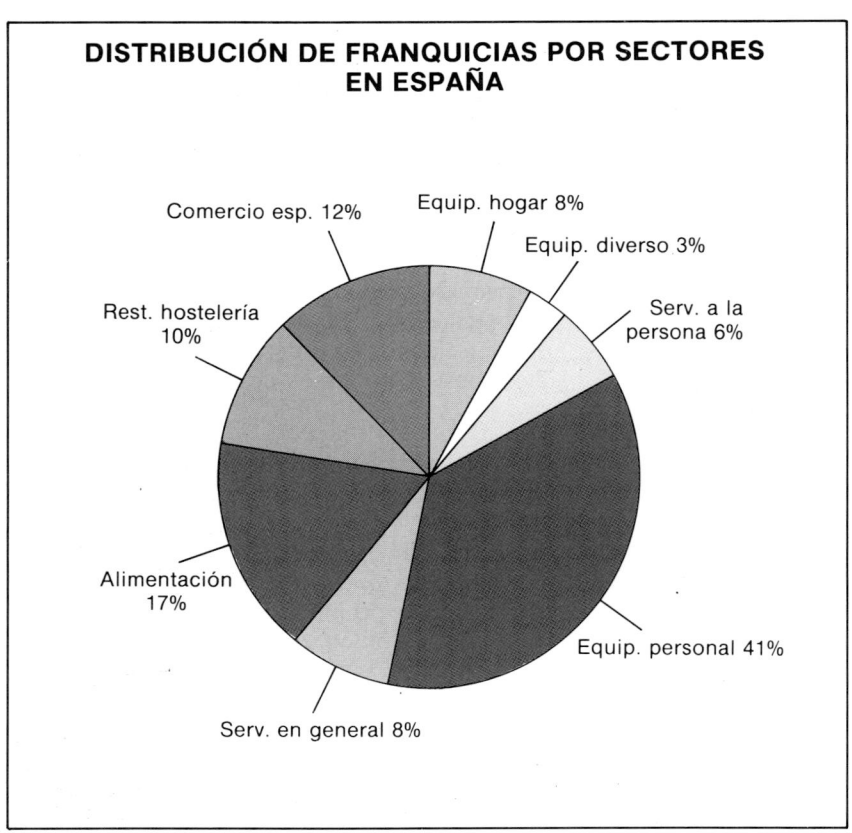

DISTRIBUCIÓN DE FRANQUICIAS POR SECTORES EN ESPAÑA

Comercio esp. 12%
Equip. hogar 8%
Equip. diverso 3%
Serv. a la persona 6%
Rest. hostelería 10%
Alimentación 17%
Equip. personal 41%
Serv. en general 8%

5.3.d. Oirá a dos personas que hablan de las ventajas que el contrato de franquicia tiene para empresas franquiciadoras y franquiciadas. Tome notas y, después, trate de añadir algunas más a la lista.

▶▶ 17

1.1.a. El gráfico corresponde a un estudio sobre el porcentaje de españoles que contratan determinados tipos de seguros. Escuche a una persona que comenta este gráfico y decida qué tipo de seguro de los que tiene en la lista corresponde a cada barra del gráfico.

- Accidente. 5
- Automóvil. 73,5%   1
- Vida. 3
- Vivienda. 2
- Responsabilidad civil y familiar. 6
- Plan de jubilación. retirement · 7
- Enfermedad. 4

hogar = household, home

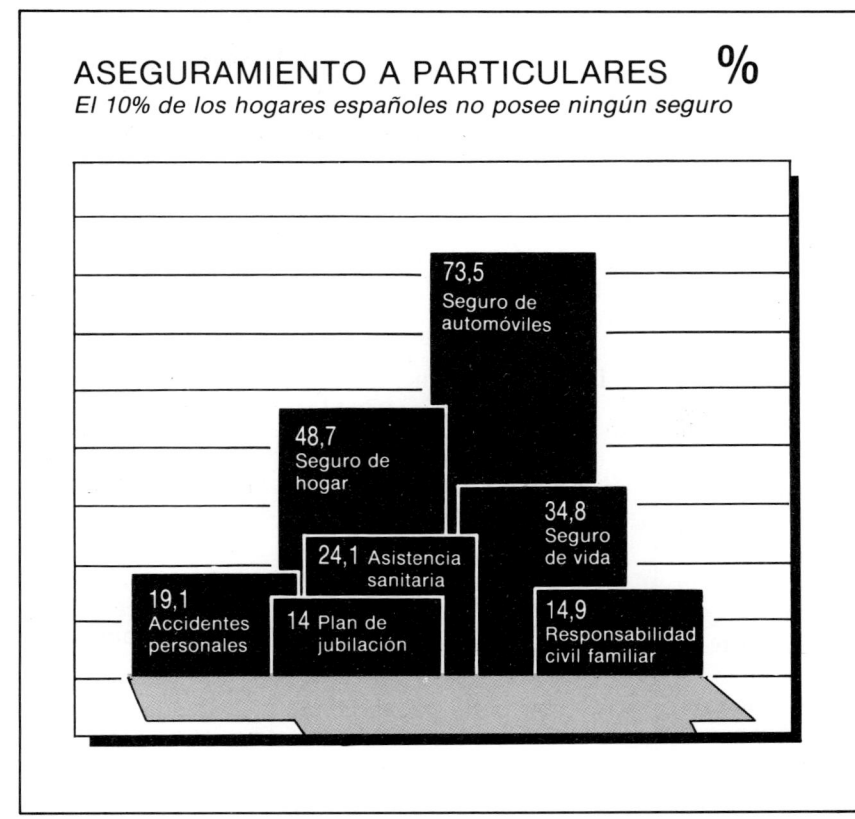

ASEGURAMIENTO A PARTICULARES   %

El 10% de los hogares españoles no posee ningún seguro

73,5
Seguro de automóviles

48,7
Seguro de hogar

34,8
Seguro de vida

24,1 Asistencia sanitaria

19,1 Accidentes personales

14 Plan de jubilación

14,9 Responsabilidad civil familiar

1.1.b. Trabajen en grupos. Hablen del tipo de seguros que tienen contratados y las razones por las que los contrataron.

1.2. Relacione cada término con la correspondiente definición.

1. Agente o corredor de seguros. *broker*
2. Asegurado. *insured person*
3. Beneficiario.
4. Peritaje. *appraisal / assessment*
5. Póliza. *= policy*

6. Prima. *premium*
7. Tomador. *policy holder*
8. Asegurador. *the insurer*
9. Fecha de vencimiento. *due date*
10. Siniestro. *= disaster / accident*

2 2 a. Persona física o jurídica titular del interés objeto del seguro y que, en defecto del tomador, asume las obligaciones derivadas del contrato.

5 b. Documento en el que se contienen las normas que regulan las relaciones contractuales convenidas entre el asegurador y el asegurado.

1 c. Persona que actúa como mediador entre la compañía aseguradora y el cliente, asesorando a este último.

10 d. Es la producción del hecho previsto en el contrato y que desencadena la ejecución de las obligaciones a cargo del asegurador. *to start off*

7 e. Es la persona que contrata un seguro. Puede pactar el seguro por cuenta propia o ajena. *otra gente*

9 f. Día señalado para el pago de las primas periódicas.

3 g. Persona designada en el contrato para que reciba las prestaciones pactadas en el mismo. *payments — referring back to contract*

6 h. Es el precio del seguro.

4 i. Valoración efectuada por un especialista de los daños materiales causados por un siniestro. *(lleva a cabo) (damages)*

8 j. Compañía que asume el riesgo contractualmente pactado. *takes responsability for*

▶▶ 1

1.3. Estos fragmentos de condiciones generales de contratos de seguros contienen espacios en blanco que deberá completar con las palabras de la lista.

peritos *experts*
asegurador *insurer*
siniestro *disaster*
prorrogar *extend / defer*
prima *premium*
valoración
tomador *policy holder*
vencimiento *maturity*
indemniza-ción *compensation*
rescindir *annul*
suspensión

Tanto el (1) _tomador_ del seguro o asegurado como el (2) _asegurador_ podrán (3) _rescindir_ el contrato después de cada comunicación de siniestro.

En caso de que los (4) _peritos_ lleguen a un acuerdo, se hará un acta conjunta en la que constarán las causas del (5) _siniestro_, la (6) _valoración_ de los daños y la propuesta del importe líquido de la (7) _prima_.

Se debe pagar la (8) _indemnización_ en los plazos convenidos: al (9) _vencimiento_ del contrato o, como máximo, dentro del mes siguiente. El impago entrañaría la (10) _suspensión_ de las garantías contratadas.

Si no desea (11) _prorrogar_ su contrato, deberá comunicarlo por escrito con dos meses de anticipación a la conclusión del período de seguro en curso.

▶▶ 2

2.1. Responda a las siguientes preguntas y comente las respuestas en pequeños grupos.

a. ¿Qué tipo de seguro de automóvil tiene usted? ¿Por qué?

b. ¿Se considera a sí mismo un buen conductor?

c. ¿Su historial como conductor le ha beneficiado/perjudicado en la contratación de seguros? ¿Cómo?

2.2.a. Lea el impreso de declaración de accidente que hay en la página siguiente y escuche la conversación que tiene lugar entre dos conductores después de un pequeño accidente de tráfico. A continuación:

a. Marque las casillas correspondientes del apartado 12.

b. Complete los apartados 10 y 11.

c. Haga el croquis del accidente (apartado 13).

2.2.b. Vuelva a leer el apartado 12 de la declaración y fíjese en los tiempos verbales utilizados para precisar las circunstancias de accidentes. Después, escriba una pequeña descripción del accidente de la actividad anterior.

▶▶ 3

▶▶ 4

2.2.c. Relate algún accidente que le haya ocurrido o que haya presenciado, haciendo un croquis del mismo.

2.3. Oirá fragmentos de conversaciones entre agentes de seguros y posibles clientes. Decida a cuál de las siguientes situaciones familiares corresponde cada conversación. Después, anote el tipo de seguro que se le ofrece a cada una de las personas.

> **a.** Casado con hijos, ingresos altos, piso en zona residencial de importe elevado y pago aplazado.

> **b.** Pareja, ambos con ingresos elevados y con hijos.

> **c.** Casado de clase media, de edad relativamente avanzada y con hijos pequeños.

> **d.** Soltera sin familia a su cargo, ingresos altos.

declaración amistosa de accidente de automóvil

No implica reconocimiento de responsabilidad, pero una correcta consignación de todos los datos facilita la tramitación.

La firma de AMBOS conductores es obligatoria

1. **Fecha** accidente	hora	2. **Lugar** (Estado, provincia, población, calle o carretera, etc.)	3. **Víctima(s)** incluso leve(s) NO ☐ SÍ ☐ *

4. Daños materiales distintos a los de los vehículos A y B
NO ☐ SÍ ☐ *

5. Testigos Nombre, dirección y teléfono (precisar cuando se trata de ocupantes si son del A o del B).

vehículo A

6. Asegurado (véase póliza de Seguro)
Nombre
(mayúsculas) —————————
Apellidos ————————————
Dirección (calle y n°) ——————

Localidad (y c. postal) ———————
N.° telf. (de 9 h. a 17 h.) —————
¿El Asegurado puede recuperar el IVA referente al vehículo? NO ☐ SÍ ☐

7. Vehículo
Marca, modelo ————————
N.° de matrícula (o bastidor) ——

8. Aseguradora

N.° de póliza ————————
Agencia ——————————

N.° de carta verde ——————
(Para los extranjeros)
Certificado o ⎫
Carta verde ⎬ válido hasta ————
¿Los daños propios del vehículo están asegurados?
NO ☐ SÍ ☐

9. Conductor (ver permiso de conducir)
Nombre
(mayúsculas) ————————
Apellidos ——————————
Dirección ——————————
Permiso de conducir n.° ————
Categoría (A, B, ...) ——— Expedido en ———
el ——————
Permiso válido hasta ——————

12. Circunstancias

Poner un aspa (x) en cada casilla que proceda para precisar el croquis

A			B
☐	1	Estaba estacionado	1 ☐
☐	2	Salia de un estacionamiento	2 ☐
☒	3	Iba a estacionar	3 ☐
☐	4	Salia de una aparcamiento, de un lugar privado, de un camino de tierra	4 ☐
☐	5	Entraba a un aparcamiento, a un lugar privado, a un camino de tierra	5 ☐
☐	6	Entraba en una plaza de sentido giratorio	6 ☐
☐	7	Circulaba por una plaza de sentido giratorio	7 ☐
☐	8	Colisionó en la parte de atrás al otro vehículo que circulaba en el mismo sentido y en el mismo carril	8 ☐
☐	9	Circulaba en el mismo sentido y en carril diferente	9 ☐
☐	10	Cambiaba de carril	10 ☐
☐	11	Adelantaba	11 ☐
☐	12	Giraba a la derecha	12 ☐
☐	13	Giraba a la izquierda	13 ☐
☒	14	Daba marcha atrás	14 ☐
☐	15	Invadia la parte reservada a la circulación en sentido inverso	15 ☐
☐	16	Venia de la derecha (en un cruce)	16 ☐
☐	17	No respetó la señal de preferencia	17 ☐

← Indicar n.° casillas marcadas →

[2]   [0]

vehículo B

6. Asegurado (véase póliza de Seguro)
Nombre
(mayúsculas) —————————
Apellidos ————————————
Dirección (calle y n°) ——————

Localidad (y c. postal) ———————
N.° telf. (de 9 h. a 17 h.) —————
¿El Asegurado puede recuperar el IVA referente al vehículo? NO ☐ SÍ ☐

7. Vehículo
Marca, modelo ————————
N.° de matrícula (o bastidor) ——

8. Aseguradora

N.° de póliza ————————
Agencia ——————————

N.° de carta verde ——————
(Para los extranjeros)
Certificado o ⎫
Carta verde ⎬ válido hasta ————
¿Los daños propios del vehículo están asegurados?
NO ☐ SÍ ☐

9. Conductor (ver permiso de conducir)
Nombre
(mayúsculas) ————————
Apellidos ——————————
Dirección ——————————
Permiso de conducir n.° ————
Categoría (A, B, ...) ——— Expedido en ———
el ——————
Permiso válido hasta ——————

10. Indicar por una flecha (→) el punto de choque inicial

10. Indicar por una flecha (→) el punto de choque inicial

13. Croquis del accidente

Precisar: 1. situación. — 2. dirección (por flechas) de los vehículos A y B. — 3. su posición en el momento de la colisión. — 4. señales de tráfico. — 5. nombre de las calles (o carreteras)

11. Daños apreciados
——————————
——————————
——————————

11. Daños apreciados
——————————
——————————
——————————

14. Observaciones —————
——————————
——————————

15. Firma de los dos conductores

A   B

14. Observaciones —————
——————————
——————————

---

* En caso de heridos o daños materiales distintos que los de los vehículos A y B, recoger al dorso los datos de identificación, dirección, etc.

No modificar estas diligencias después de firmadas y separados los ejemplares de los dos conductores.

Ver declaración del Asegurado al dorso →

3.1. Lea el anuncio y comente con sus compañeros:

- A quién va dirigida la publicidad.
- Qué es lo que cree que ofrece este seguro.
- Por qué puede ser útil un seguro de este tipo.
- Por qué está dirigido a las PYMES y no a las grandes empresas.

3.2. Escuche la conversación entre un corredor de seguros y un empresario que va a pedirle consejo para contratar un seguro para su nueva fábrica. Tome nota de los distintos tipos de seguro para las empresas que aparecen en la conversación.

1. Seguro de responsabilidad civil de explotación.
2. _____
3. _____
4. _____
5. _____
6. _____
7. Seguro de inundación.
8. Seguro de tempestades.
9. _____

▶▶ 5

3.3. Juego de roles

Trabaje con su compañero/a. Uno de ustedes asumirá el papel del asegurador y el otro el de un cliente. Antes de empezar, cada uno debe examinar atentamente los datos que se le proporcionan para poder llevar a cabo esta actividad. Con ellos podrán decidir respectivamente cuáles son de interés para la empresa y cuáles no.

CLIENTE

Va a inaugurar las nuevas instalaciones de su fábrica y quiere suscribir un seguro. Primero describe al asegurador las características de su fábrica y, en una segunda fase, se muestra reacio a aceptar el seguro de pérdidas en su modalidad más completa, porque lo encuentra muy caro.
Tampoco ve la utilidad de suscribir una póliza especial dentro del seguro de averías de maquinaria, destinada a cubrir los ordenadores.

Datos sobre la fábrica:

- Fábrica de envases de plástico.
- Tiene una maquinaria totalmente automatizada, con un ritmo muy elevado de producción. Esta maquinaria es de importación y de un coste elevado.
- Gestión del proceso de fabricación mediante un ordenador central que trabaja en paralelo con otro ordenador.
- La sala de ordenadores tiene que estar provista de un sistema de ventilación que garantice una temperatura y humedad constantes.
- Los locales tienen muchas aberturas con grandes cristales.

ASEGURADOR

Según la descripción de las características de la fábrica por parte del cliente, tiene que prever los peligros que pueden existir y, por consiguiente, los seguros que le pueden ser convenientes.
Tiene que convencer al cliente de la gran utilidad de suscribir el seguro de pérdidas y también la póliza especial para los ordenadores en el seguro de averías de maquinaria.

Datos a tener en cuenta por el asegurador para decidir el tipo de seguro que le conviene al cliente:

1) Existencia de materias primas inflamables en la fábrica.
2) En caso de avería de las máquinas, la fábrica quedaría completamente paralizada. Las reparaciones de este tipo de máquinas son muy costosas.
3) Si se avería el ordenador, se paraliza el proceso de fabricación. Pero recuerde que hay otro que trabaja en paralelo.
   Si el sistema de ventilación sufre una avería, los ordenadores corren graves riesgos.
4) En caso de romperse, los cristales son muy caros.

▶▶ 6

4.1. Después de mantener una conversación telefónica con un corredor de *broker/agent* seguros, el señor Aranda, de Bodegas Jerezanas, deja esta nota a su secretaria, Olga Mayo.

BODEGAS JEREZANAS

DE: F. Aranda   **A**: Olga Mayo

ASUNTO: Confirmación de petición de seguro. *request*

— Enviar fax urgentemente a José Padilla, corredor de seguros. Confirmar petición de suscripción de póliza de la expedición a Miami.

— Valor declarado de la mercancía: 10 millones de pesetas.

— Llamar a la CESCE para suscribir póliza.

FECHA: 2/03/92.

Redacte un fax como lo haría Olga Mayo siguiendo las instrucciones del señor Aranda. El primer párrafo deberá contener el asunto de la carta, y el siguiente, todas las informaciones precisas sobre la mercancía y el envío, que encontrará en el conocimiento de embarque de la unidad anterior.

4.2. Éste es el télex que el corredor envía al cliente, dándole el nombre de la compañía de seguros que acepta hacerse cargo del seguro, y el coste de la prima. Ponga los elementos en orden.

SECURINOR / dos contenedores / es decir, 50.000 ptas. / la suscripción de un seguro / todo riesgo / del 0,5% del valor declarado / mediante el pago de una prima / la compañía / acepta / con destino a Miami / de la mercancía / para el envío de /

4.3. Complete con los verbos de la lista en su forma adecuada los espacios en blanco de esta carta en la que el cliente acepta el seguro propuesto.

agradecer	preparar	acusar	tener
comunicar	saludar	deber	salir
complacer	servirse	parecer	cargar

Señor Padilla:

(1) _____ recibo de su télex del 2 del corriente en el que nos (2) _____ el valor de la prima propuesto por la compañía SE-CURINOR.

Nos (3) _____ informarle de que el porcentaje nos (4) _____ satisfactorio.

(5) _____ tener en cuenta que la póliza a todo riesgo (6) _____ cubrir el robo y el hurto y que (7) _____ que ser efectiva desde el momento en que la mercancía (8) _____ de nuestro almacén.

Les (9) _____ que nos enviaran la póliza provisional mientras (10) _____ la póliza y les rogamos que (11) _____ el coste de la prima en nuestra cuenta corriente.

En espera de sus noticias, les (12) _____ atentamente.

Fdo.: F. ARDANZA

4.4. Tres semanas más tarde, Bodegas Jerezanas manda una carta de declaración de siniestro al señor Padilla (pág. siguiente).

4.4.a. Lea la lista de palabras que tendrá que utilizar para completar la carta y agrúpelas, según pertenezcan a cada una de las categorías siguientes.

rotura
póliza
merma
factura comercial
derrame
certificado de avería
conocimiento de
   embarque
Comisario de Averías

Siniestro	Documento	Experto
_____	_____	_____
_____	_____	_____
_____	_____	_____
_____	_____	_____

4.4.b Rellene los espacios en blanco de la carta, con las palabras de la lista anterior.

Señores:

Ponemos en su conocimiento que el cargamento de 2 contenedores, que salió del puerto de Cádiz el 5 del mes pasado, llegó al puerto de Tampa con la mercancía averiada. Les adjuntamos el (1) _____ establecido por el (2) _____ del puerto de Tampa, que acredita nuestra reclamación.

En el contenedor con las marcas CBLU-4456 constató una (3) _____ de 50 cajas de vino, es decir, que contenía 950 cajas en lugar de 1.000. En el segundo contenedor (CBLU-5893) comprobó la (4) _____ y el consiguiente (5) _____ del contenido de las botellas de 40 de las cajas que contenía, con lo cual éstas sufrieron una pérdida total.

Le adjuntamos también las copias correspondientes de la (6) _____ que aseguraba la mercancía, de la (7) _____ y del (8) _____.

Esperamos que hagan cuanto antes todos los trámites necesarios para que podamos percibir la indemnización que nos corresponde.

Atentamente le saluda,

Fdo.: Francisco ARANDA

▶▶ 7

5.1. Lea este texto y anote todas las palabras relacionadas con fraude que encuentre, especificando si se trata de nombres, verbos o adjetivos. ¿Puede añadir alguna más?

El negocio de defraudar

F.N.

Los asegurados españoles pagan una cifra en torno al 7% de su prima para compensar la siniestralidad fraudulenta, de acuerdo con los datos que se manejan en el sector. Dicho en otros términos, que si nadie defraudara a su compañía de seguros no sería necesario destinar cerca de 29.000 millones de pesetas a pagar las consecuencias de dicho fraude y, por tanto, ese importe podría detraerse finalmente del precio de la póliza (...).

Desde la clásica picaresca española hasta el fraude organizado, el seguro español está soportando una verdadera sangría económica a causa del automóvil. Consumidores, talleres, agentes, peritos y compañías, bajo la mirada más o menos distraída de la Administración, constituyen los vértices de un problema que, por su importancia económica, afecta a todos los consumidores que tienen asegurado su vehículo.

Por ramos, el mayor porcentaje de fraude en el seguro del automóvil corresponde al de responsabilidad civil de suscripción obligatoria y suplementaria, ya que, al no tener que facilitar alcance de los daños propios por no estar cubiertos, no se puede comprobar la correlación de los mismos frente a los del contrario.

▶▶ 8

5.2.a. Lea este texto sobre mutualidades y el artículo 30 de la ley de regulación de Planes y Fondos de Pensiones, y explique en qué consiste la diferencia de trato fiscal entre mutualidades y otras entidades promotoras de planes de pensiones.

Las mutualidades de previsión social son entidades sin afán de lucro que actualmente cuentan con unos recursos superiores a los 800.000 millones de pesetas y agrupan a unos 4 millones de personas. Estas entidades están pasando por uno de los momentos más difíciles de su historia, a causa de una legislación tributaria que amenaza, incluso, su propia supervivencia. En la actualidad las mutualidades soportan un régimen específico en el impuesto de sociedades que supone un agravio comparativo respecto de otras entidades e instituciones con fines similares, las cuales, por la ley de regulación de fondos y planes de pensiones, reciben un trato fiscal mucho más ventajoso.

Artículo 30. *Tributación de los Fondos de Pensiones.*

1. Los Fondos de Pensiones constituidos e inscritos según lo requerido por la presente Ley, estarán sujetos al Impuesto sobre Sociedades a un tipo de gravamen cero teniendo, en consecuencia, derecho a la devolución de las retenciones que se les practiquen sobre los rendimientos del capital mobiliario, sin perjuicio de lo dispuesto en el artículo 6 de la Ley 14/1985, de 29 de mayo, sobre Régimen Fiscal de determinados activos financieros.

5.2.b. ¿Cuál es su opinión sobre la promoción de Fondos y Planes de Pensiones por parte de las empresas? Si su empresa tiene uno de estos planes, exponga su punto de vista a partir de esta experiencia.

5.3. Lea este fragmento de una noticia aparecida en la prensa y busque los términos o expresiones que corresponden a las siguientes definiciones:

a. Contrato de seguro en el que el pago se hace de una sola vez. *prima única*
b. Dinero no declarado a Hacienda. *dinero negro*
c. Lugar donde se concentra el dinero que no ha pagado impuestos. *bolsa*
d. Sus características no están todavía muy claras. *naturaleza*

La Audiencia Nacional admite a trámite la querella de suscriptores de primas únicas contra La Caixa

CONCHA MARTÍN, Madrid

La Audiencia Nacional ha decidido admitir a trámite la querella criminal presentada por la Asociación para la Defensa del Pequeño Accionista (ADA) contra La Caixa en representación de 208 titulares de primas únicas (...).

Con la admisión a trámite de la querella, se abre un nuevo frente en el triángulo no precisamente amoroso formado por Hacienda, las entidades financieras y los titulares de pólizas de seguro de prima única, tras el descubrimiento de esta bolsa de fraude fiscal que supera los dos billones de pesetas. Ahora, los titulares de estas pólizas han dado un paso más para exigir a las entidades financieras su parte de responsabilidad, con el argumento de que vendieron como refugio al *dinero negro* un producto cuya naturaleza aún hoy está en entredicho.

5.4.a. Lea el primer párrafo de este texto y busque expresiones que signifiquen:

1. Tomar una determinada medida para evitar contraer una enfermedad. *vacunarse*
2. Se introduzcan sin ser vistos o descubiertos. *se cuelen (colar)*
3. Sector de la población con más riesgos de contraer una enfermedad. *grupos de riesgo*

El seguro se vacuna contra el SIDA

Las compañías españolas de seguros de vida empiezan a *vacunarse* contra el SIDA. Ante el temor de que se demoren los remedios frente a *la enfermedad del siglo XX*, quieren evitar que el síndrome termine por infectar su negocio, ahora saneado y prometedor. Las respuestas que se perfilan pasan llanamente por impedir que se les cuelen *sidosos*, además de subir las primas a los afectados y a los grupos de riesgo. Para ello, se pretende ampliar los cuestionarios y pruebas médicas previos al contrato (...).

Más de un 90% de las víctimas de SIDA registradas en el mundo tenían entre 20 y 49 años de edad, tramo de la pirámide de población que es una especie de columna vertebral financiera para el seguro de vida, por cuanto apenas requería gastos en relación con los ingentes ingresos que proporcionaba.

5.4.b. Lea el segundo párrafo y explique por qué se considera que el segmento de población entre 20 y 49 años de edad es la columna vertebral financiera del seguro de vida.

5.4.c. ¿Qué medidas alternativas a las mencionadas en el primer párrafo pueden tomarse? ¿Qué consecuencias tendrían?
¿Considera oportunos los cuestionarios de detección del SIDA previos al contrato?

1.1. Éstos son algunos argumentos a favor y en contra del marketing. ¿Puede añadir más argumentos de uno y otro tipo?

> **El marketing manipula al ciudadano y le obliga a hacer lo que no quiere.**

> **En una campaña electoral, las ideologías no servirían de nada sin la ayuda de las técnicas de marketing utilizadas por los grupos políticos.**

> **El objetivo del marketing es hacer que las empresas incrementen sus beneficios y esto redunda en un mayor desarrollo del empleo.**

> **Los profesionales del marketing no tienen reparo en mentir con tal de «vender» el producto.**

1.2.a. ¿De qué trata el artículo siguiente? Observe la imagen y el título, y decídalo con su compañero.

La receta revolucionaria de Campbell

1.2.b. Lea el artículo y el resumen del mismo que se incluye a continuación. Decida si éste refleja las ideas básicas del texto.

Posiblemente no exista un símbolo más duradero del mercado de consumo americano que la lata de sopa Campbell. (...) Durante la mayor parte de este siglo ha representado una línea de productos que se fabricaban y vendían de la misma manera por todo el país.

Pero, ¿qué está pasando? (...) En lugar de producir una sola gama de productos y lanzar campañas para atraerse el favor de todos los consumidores americanos, Campbell ha cocinado una nueva fórmula. Está fabricando sus productos, publicidad, promoción y esfuerzos de venta a la medida, para que se ajusten a las diferentes regiones del país, incluso a vecindarios dentro de una misma ciudad.

Evidentemente esto tiene sus riesgos. La regionalización puede elevar los costes de fabricación y marketing al reducir las ventajas de la economía de escala.

Por otro lado, un maremoto de campañas locales contradictorias puede llevar a terminar con la imagen general de la marca, que ha costado años de costosas inversiones en publicidad nacional. Pero hay varias razones que hacen suponer que esta tendencia es inexorable. Para muchos productos, el mercado norteamericano se está dividiendo lentamente en zonas regionales y demográficas —un mercado étnico por aquí, uno suburbano por allá, un mercado *yuppie* por acá, otro de la tercera edad por allá. «La época de una campaña de publicidad única está en las últimas», dice Robert B. Hessler, presidente de una firma de consultores. (...)

Los nuevos estudios de mercado ayudan a las empresas a entender mejor las variaciones locales en competitividad, distribución y actitudes del consumidor.

Resumen: La Campbell Soup Co. decidió emprender una nueva estrategia de ventas que se esforzaba por penetrar en los mercados locales con publicidad y productos hechos a la medida para ellos.

1.2.c. Compare su opinión con la de sus compañeros.

1.2.d. Busque en el texto un sinónimo de la expresión: **línea de productos.**

1.2.e. Complete el cuadro siguiente hasta obtener todas las palabras de cada familia. En caso de que falte una, márquelo con una raya. Algunas de estas palabras están en el texto y otras no.

el producto	el productor	la producción	producir	productivo
		la promoción		
	el consumidor			
			competir	
el coste, el costo				costoso

▶▶ 1   ▶▶ 2

2.1. En un sondeo de opinión que se realiza en una empresa especializada, oirá a varias personas dar su opinión sobre cosmética masculina.

2.1.a. Tome nota de qué opiniones son positivas y cuáles negativas.

2.1.b. Escuche otra vez y anote las expresiones que las personas consultadas dan para expresar su opinión.

2.1.c. Exponga su opinión, tanto desde un punto de vista personal como de mercado.

▶▶ 3

2.2.a. Lea el artículo siguiente:

Los guapos ligan más

Una buena presentación de los productos es un gancho irresistible para su venta

A solas en el estante de un supermercado, perdido entre un mar de ofertas, el producto que con tanto mimo ha lanzado un empresario conoce su *hora de la verdad* cuando se muestra ante los ojos del consumidor sin publicidad que lo soporte. Es en este instante crucial (...) cuando el jabón, la chocolatina o el par de pilas han de provocar los suficientes pestañeos al que tiene enfrente como para detenerle, motivarle y desencadenar la decisión de comprar.

Para los americanos es cuestión de *packaging*, es decir, que se ha de cuidar el *look* del envase y del embalaje en el que está contenido el producto.

En tales casos, el material que envuelve los productos se convierte en una alternativa importante, ya que son vías de comunicación que hablan por sí mismas. «El color, la forma, el expositor, el complemento que lleva... influyen en las decisiones de compra que se toman en el punto de venta. Cuando se trabaja con una perspectiva de supermercado se ha de contar con que las decisiones se toman en el momento de la adquisición», comenta el diseñador Alberto Corazón. El coste marginal que supondría cuidar este soporte es más asequible para las pequeñas y medianas empresas.

2.2.b. Busque en el texto:

a. La definición de **packaging:**

_____

b. Los nombres de los dos componentes que puede tener el **packaging:**

   1. (Su característica principal es que está en contacto directo con el producto). _____

   2. _____

c. Lugares destinados a exponer los productos:

   1. _____

   2. _____

2.2.c. Al sustantivo **adquisición** le corresponde el verbo **adquirir** y el adjetivo **adquisitivo.** ¿Puede definir la expresión **el poder adquisitivo?**

2.2.d. Trabajen en grupos y discutan las cuestiones que se les plantean a continuación.

- ¿Cuál es el paralelismo que el autor establece entre el producto y el consumidor?
- ¿Cree que puede tener algo de verdad?

2.3.a. A continuación oirá descripciones de envases que deberá relacionar con la correspondiente ilustración. Después, anote las palabras utilizadas para describir los distintos envases.

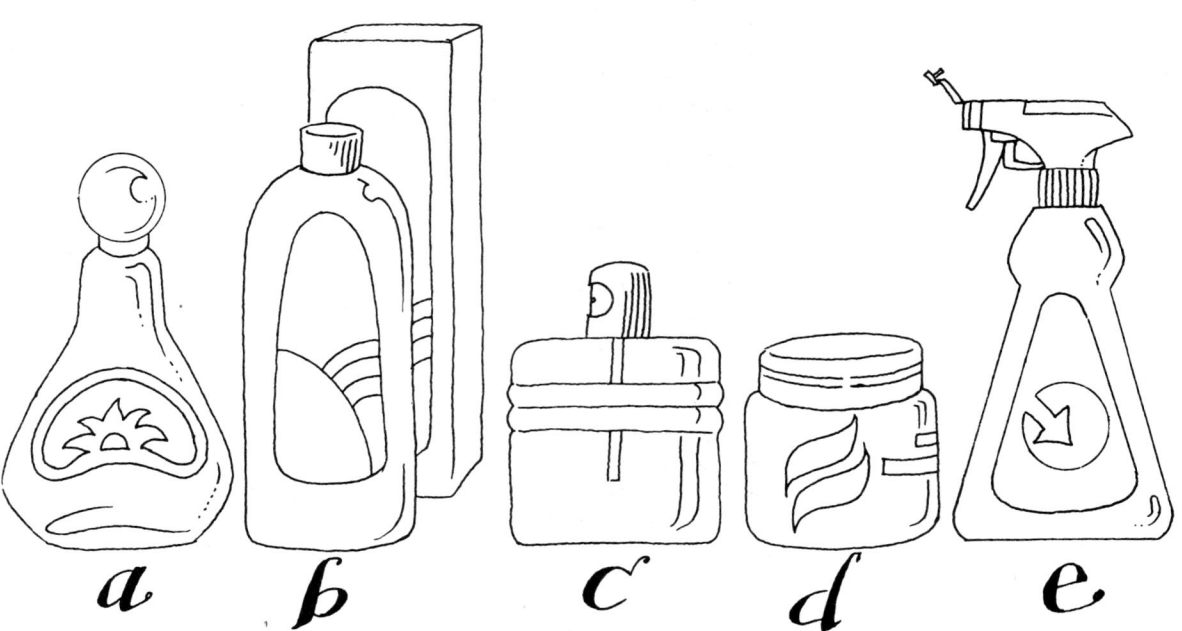

a   *b*   *c*   *d*   *e*

2.3.b. ¿Puede usted describir el resto de envases del mismo modo? En la descripción incluya dimensiones aproximadas, forma y material de que está hecho.

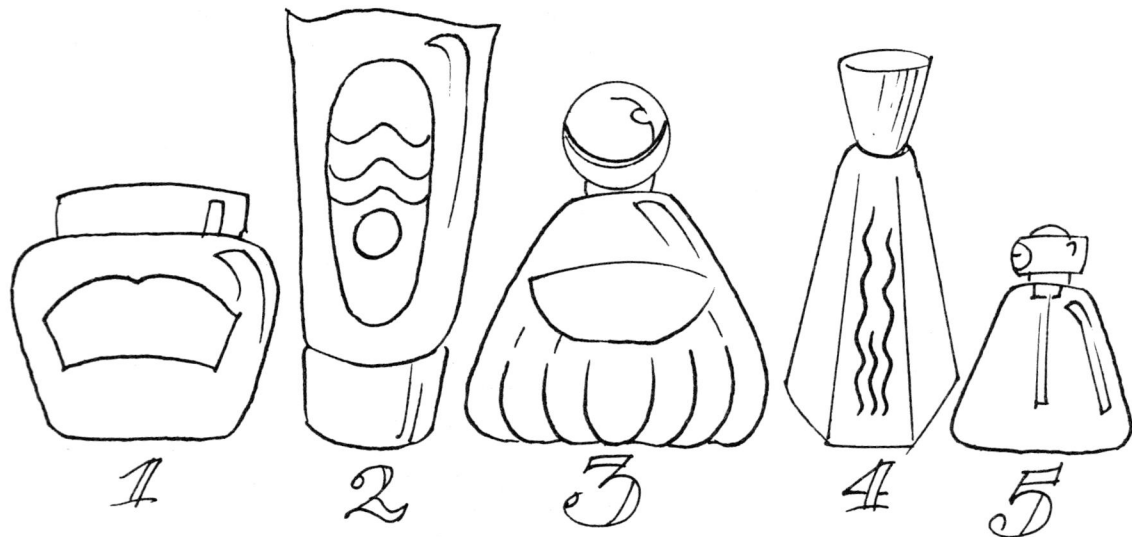

►► 4

►► 5

►► 6

3.1. La firma de perfumería y cosmética LIBÉLULA quiere ampliar su línea de productos para hombres, que actualmente se dirige a un segmento de clientela con un poder adquisitivo medio. Antes de lanzar el nuevo producto decide realizar un estudio de mercado. Mediante un sondeo de opinión, del que se encargará la compañía SOFRESA, se obtendrán los datos necesarios para conocer los deseos y expectativas del futuro consumidor.

3.1.a. Antes de pasar al cuestionario elaborado por SOFRESA, examine la ficha técnica del mismo. En esta ficha, faltan 6 términos técnicos referentes a la encuesta. Con los datos que tiene, complétela por medio de la lista de palabras y expresiones.

Ficha técnica

(1) _____ realizado según una (2) _____ _____ de 1.000 personas representativa de los hombres de 25 a 50 años de las aglomeraciones de más de 200.000 habitantes.

Técnica de (3) _____: según la edad y categoría socio-profesional del individuo.

(4) _____ realizada por teléfono.

Fecha del (5) _____: del 5 al 20 de julio de 1992.

987 (6) _____ explotados.

---

muestra
trabajo de campo
sondeo
cuestionarios
encuesta
muestreo

3.1.b. Éste es el cuestionario elaborado por SOFRESA. Léalo atentamente. Las preguntas son cerradas y precodificadas para un ulterior tratamiento informático.

SOFRESA
COSMÉTICA PARA HOMBRES

N.º

NOMBRE DEL ENTREVISTADOR: _____

FECHA: ⊔⊔ ⊔⊔ ⊔⊔⊔⊔   HORA: ⊔⊔.⊔⊔

P1. ¿Qué edad tiene usted?   ⊔⊔

P2. ¿Cuál es su profesión?
— Empresario   1
— Directivo   2
— Mando intermedio   3
— Operario   4
— Profesión liberal   5
— Profesor-Educador   6
— Otros   7
  (*precise*) _____

P3. ¿Vive usted en pareja?
— Sí   1
— No   2

P4. ¿Practica usted algún deporte?
— Sí   1
— No   2

P5. ¿Se preocupa usted de su peso?
— Sí   1
— No   2

P6. Para usted la imagen física que da a los demás es ...
... muy importante   1
... importante   2
... poco importante   3
... nada importante   4

P7. Utiliza usted...
(*Varias respuestas posibles.*)
... un champú específico   1
... gel de ducha   2
... colonia para hombres   3
... desodorante   4
... espuma para el afeitado   5
... loción *after-shave*   6
... crema *after-shave*   7
... laca   8
... ninguno de estos productos   9
(*Pase a la pregunta P11.*)

P8. Considera que son productos...
... de higiene   1
... de cosmética   2

P9. ¿Quién compra estos productos?
— Siempre usted mismo   1
— Siempre su pareja   2
— Indistintamente   3
(*2 y 3: pase a la pregunta P11.*)

P10. Usted adquiere estos productos en...
(*Varias respuestas posibles.*)
... la perfumería   1
... la farmacia   2
... el supermercado   3
... otros
(*precise*) _____   4

Vamos a hablar ahora de los productos para el cuidado de la piel de la cara.

P11. ¿Cuál de estos productos usaría usted?
(*Sólo una respuesta.*)
— Antiarrugas   1
— Reactivador de la epidermis   2
— Limpiador   3

P12. ¿Cuáles serían las dos condiciones imprescindibles para que usted utilizara el producto de su preferencia?
(*Máximo dos respuestas.*)
— Que sea fácil de aplicar   1
— Que no sea graso   2
— Que no se note que lo lleva   3
— Que no esté perfumado   4

P13. ¿Cómo le gustaría que se presentara el producto? Como...
... gel   1
... crema   2
... leche   3
... loción   4
... cápsulas para ingerir   5
... emulsión   6

P14. Preferiría usted un envase...
... de material ligero, tipo plástico   1
... o de cristal con tapón de rosca   2

P15. Le parece que tendría que estar fabricado a base de componentes...
... naturales   1
... de laboratorio   2

P16. Ante la idea de usar un producto adecuado para cuidar la piel de su rostro, usted adopta una postura...
... muy favorable   1
... bastante favorable   2
... bastante desfavorable   3
... muy desfavorable
(*Fin de la entrevista.*)   4

P17. Estaría usted dispuesto a pagar...
(*Párese en el primer SÍ.*)

	SÍ	NO
... entre 5.000 y 3.500 pesetas	1	A
... entre 3.500 y 2.500 pesetas	2	A
... entre 2.500 y 1.500 pesetas	3	A
... menos de 1.500 pesetas	4	A

●● **3.1.c.** En la calle un entrevistador pasa un cuestionario a tres personas. Usted no oirá las preguntas, sino sólo algunos fragmentos de las respuestas. Con la información que obtenga, señale en el cuestionario cuál es la respuesta que ha dado el entrevistado. Tenga en cuenta que el entrevistado A contesta de la pregunta 1 a la 5; el entrevistado B, de la 6 a la 10 y el entrevistado C, de la 11 a la 17.

▶▶ 7   ▶▶ 8   ▶▶ 9   ▶▶ 10

4.1. Aquí tiene una muestra de resultados parciales de la encuesta.

4.1.a. Trabaje con su compañero/a e intenten dar una interpretación del cuadro siguiente, contestando a estas preguntas. Las cifras más significativas para interpretar el cuadro están marcadas con un círculo.

1. ¿Qué tipo/s de producto selecciona el público?
2. ¿Cuáles son las presentaciones que sobresalen de una manera general?
3. ¿Cuál es la presentación que el público asocia con cada producto seleccionado?

Tengan en cuenta que:
Se toma como punto de partida a los entrevistados que se declararon **muy favorables** y **bastante favorables** a la idea de usar un producto adecuado para cuidar la piel de su rostro. De 951 personas que contestaron a la pregunta P16, 251 dieron una de estas dos respuestas, lo que significa que un 26,4% es favorable a esta idea.
Este cuadro tiene en cuenta dos aspectos: el tipo de producto que estas personas usarían con mayor probabilidad (P11) y la presentación del mismo (P13).

P16 = MUY Y BASTANTE FAVORABLE			
TIPO DE PRODUCTO (P11)			
Presentación (P13)	Antiarrugas	Reactivador	Limpiador	Total
Gel	1,00	49,00	2,00	52,00
Crema	16,00	7,00	23,00	46,00
Leche	1,00	3,00	18,00	22,00
Loción	7,00	5,00	70,00	82,00
Cápsulas	2,00	1,00	0,00	3,00
Emulsión	4,00	25,00	17,00	46,00
Total	31,00	90,00	130,00	251,00

4.1.b. Escuchen la grabación, en la que oirán una interpretación del cuadro anterior, y comprueben si sus respuestas eran correctas.

4.1.c. Escuche de nuevo la grabación y anote los diferentes verbos y expresiones utilizados para explicar cuáles son los productos más favorecidos por el público según el cuadro precedente.

_____

_____

_____

4.1.d. Estos gráficos por sectores dan información sobre otro aspecto de la encuesta: el lugar donde los clientes adquieren los productos cosméticos que ya utilizan. Trate de dar una interpretación oral de los mismos. Utilice el lenguaje presentado en 4.1.b y 4.1.c, y decida cuál es la conclusión que se puede sacar desde el punto de vista de marketing, y por qué puede ser útil para el lanzamiento de un producto.

LUGAR DE COMPRA ACTUAL DE LOS HOMBRES QUE YA UTILIZAN POR LO MENOS UN PRODUCTO COSMÉTICO Y QUE LO COMPRAN SIEMPRE O CASI SIEMPRE ELLOS MISMOS

1. LOS QUE SE DECLARAN MUY Y BASTANTE FAVORABLES ANTE LA IDEA DEL PRODUCTO PROPUESTO

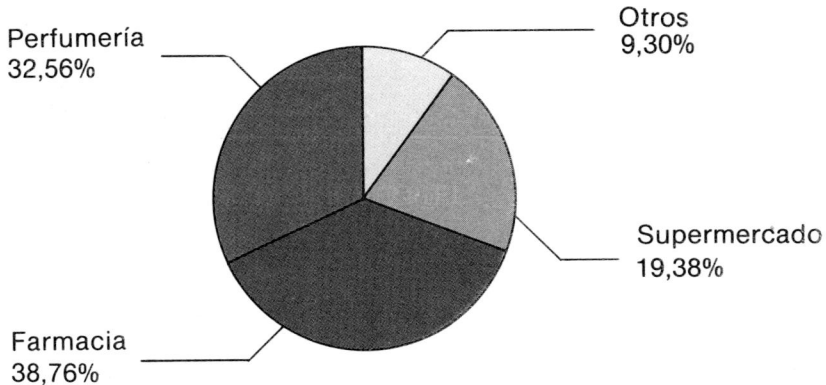

Perfumería
32,56%

Otros
9,30%

Supermercado
19,38%

Farmacia
38,76%

2. LOS QUE SE DECLARAN MUY Y BASTANTE DESFAVORABLES ANTE LA IDEA DEL PRODUCTO PROPUESTO

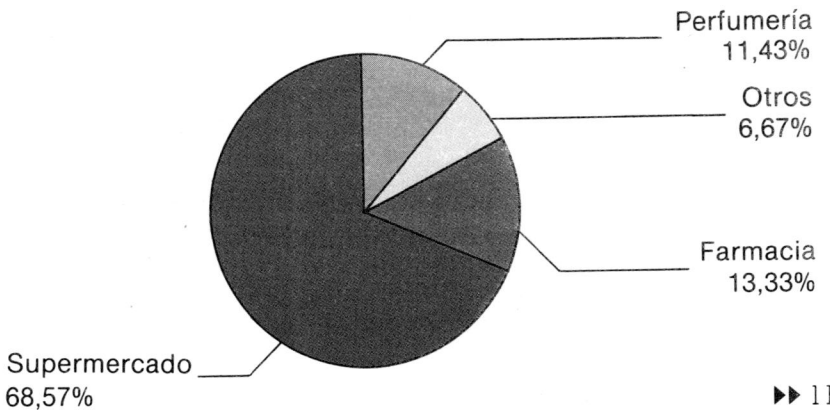

Perfumería
11,43%

Otros
6,67%

Farmacia
13,33%

Supermercado
68,57%

▶▶ 11

5.1. Juego de roles

Situación: Una vez obtenidos los resultados de la encuesta, tiene lugar una reunión en la que los responsables de la empresa deben decidir si ésta va a lanzar el producto o no.

Reúnanse en grupos de cinco y distribúyanse los papeles de dichos responsables. Lleven a cabo la discusión de acuerdo con las siguientes indicaciones.

> **El señor Asensio** dirige la reunión y, después de escuchar los argumentos de todos, tomará una decisión.

> **Paloma Clavero** está a favor del lanzamiento de una loción limpiadora. Aunque hay un porcentaje muy semejante de entrevistados que se inclinan por un reactivador, tiene miedo de que al principio éste se venda por un fenómeno de moda, pero que a largo plazo deje de utilizarse. Cree que el público responderá mejor ante un producto más clásico.

> **Mario Noble** no cree que los resultados obtenidos justifiquen el lanzamiento. Piensa que el segmento de clientela a quien iría destinado el producto es demasiado restringido y que tendrían que colocarse en una gama de productos de lujo que no entra dentro de la política de la empresa.

> **Isabel Llamas** es partidaria de ampliar la gama de productos de cosmética masculina, aunque prevé muchas dificultades para llegar a penetrar en el mercado. Por ello insiste en que, si la firma no está decidida a invertir mucho dinero en una campaña publicitaria con una de las mejores agencias, no cree en la viabilidad del producto.

> **Pedro Aznar** es el instigador de la idea y está firmemente convencido de que existe una clientela. Se apoya en los datos del informe. Defiende el lanzamiento de dos productos al mismo tiempo: una loción limpiadora y un gel reactivador, si bien respaldados por una intensa campaña de promoción.

5.2. La firma ha decidido el lanzamiento de uno de los productos.

El jefe de marketing se reúne con el diseñador para marcar las líneas generales de lo que será la presentación del producto.

Trabaje con su compañero/a. Adopten el papel de estos profesionales y traten de llegar a un acuerdo sobre:

- Material del envase.
- Forma, color y tamaño.
- *Packaging.*   ▶▶ 12
- Grafismo.

▶▶ 13

1.1.a. Escuche las opiniones de varios creativos de publicidad durante un debate en la televisión. Asocie sus intervenciones con cada uno de los temas siguientes.

    a. Publicidad de productos perjudiciales.
    b. La publicidad como generadora de modelos de comportamiento a imitar.
    c. El creativo debe anunciar sólo aquello en lo que cree.
    d. Vender sin publicidad.
    e. La mujer en la publicidad.

1.1.b. Discutan entre ustedes y den su propia opinión, a favor o en contra, sobre cada una de las intervenciones.

1.2.a. Trabaje con su compañero/a. Teniendo en cuenta que en 1987 se invirtió un total de 540.000 millones de pesetas en publicidad, comparen esta cifra con la de 1988 (685.000) y digan cuáles pueden ser las causas de este aumento.

1.2.b. Lea estos resúmenes de los informes de J. Walter Thompson correspondientes a 1987 y 1988, y anote las causas a las que atribuyen el aumento de la inversión en publicidad. Compruebe si son las mismas que las que ustedes han dado.

Anunciarse para sobrevivir

Julián Bravo, presidente de J. Walter Thompson, interpretó los datos globales de la inversión como un claro indicio de que el mercado publicitario español mantuvo su auge particular durante el pasado año, reflejando una situación económica general satisfactoria. Pero Bravo apuntó otras causas añadidas que contribuyeron a la fuerte expansión de este mercado. Por un lado, el histórico bajo nivel de partida de los gastos publicitarios en España, y por otro, y más importante, el convencimiento de las empresas españolas de que una de las formas de competir en un mercado invadido de productos comunitarios es la publicidad.

Las empresas que primero se han convencido de esta última circunstancia son las de capital público. Junto a los organismos y Administraciones públicas, su irrupción en el mercado publicitario en 1987 marcó la diferencia en el incremento de la inversión, hasta el extremo de que el sector público se puso a la cabeza en gastos publicitarios de los clientes que históricamente han capitaneado el *ranking*.

Publicidad: la frontera del billón

El crecimiento de la inversión publicitaria es un síntoma del proceso de acercamiento de la economía española a otros mercados próximos y más evolucionados. La voracidad consumista que ha caracterizado el comportamiento de la sociedad española desde 1986 ha permitido que, con ayuda de la publicidad, las empresas hayan empujado sus cifras de ventas hasta límites insospechados tan sólo cinco años atrás. En este sentido, la progresión de la inversión publicitaria refleja con bastante fidelidad la batalla empresarial que se está desarrollando en el país, una batalla donde todos buscan el protagonismo en forma de un hueco en el mercado o de una posición mejor que la de sus competidores. Es una guerra que, por fortuna, amenaza con prolongarse durante algún tiempo y en la que los papeles estelares no corresponden sólo a los españoles, sino también a los extranjeros —especialmente europeos— que luchan por encontrar y aprovechar su oportunidad en España.

1.2.c. Lea el siguiente texto y trate de encontrar las causas de la nueva tendencia que refleja la información que en él se da. Después, contraste sus opiniones con las de las personas que oirá en la grabación.

Según datos facilitados por la misma agencia, en 1990 se ha producido una desaceleración del crecimiento de la inversión en publicidad. El incremento del 20,9% sobre el año anterior es inferior en un 4% con respecto al aumento registrado en 1989.

1.3.a. Trabajen en grupos y traten de hacer una lista de:

- Medios que difunden publicidad.
- Lugares en que se puede encontrar publicidad.
- Soportes publicitarios.
- Técnicas utilizadas.

1.3.b. Decida a qué palabras del cuadro siguiente corresponden las definiciones que se dan a continuación.

1. El _____ consiste en que una empresa aporte una cantidad de dinero a cambio de que su nombre o el del producto aparezca en una manifestación deportiva, cultural, benéfica, etc.
2. El _____ es una técnica por la cual la publicidad se distribuye a los potenciales clientes directamente y a mano, en su domicilio particular o en su razón comercial.
3. Los anuncios publicitarios en la radio se llaman _____.
4. Los _____ son estructuras especialmente diseñadas para presentar un producto en un punto de venta.
5. Los _____ son impresos que sirven para anunciar un producto.

Medios de difusión	Lugares	Soportes	Técnica
Periódicos	La calle	Carteles	Buzoneo
Correo	Las carreteras	Cuñas publicitarias	_____
Patrocinio	Cabinas telefónicas	Folletos	_____
_____	Puntos de venta	Exhibidores	¡ _____
_____	_____	_____	_____
_____	_____	_____	_____
_____	_____	_____	_____

1.3.c. Complete el cuadro con las palabras de la lista.

estaciones de metro	teletexto	anuncios
medios de transporte	radio	periódicos
manifestaciones deportivas	revistas	televisión
anuncios luminosos	spots	respuesta directa
de empresa a empresa	cine	teléfono

▶▶ 1

▶▶ 2

▶▶ 3

▶▶ 4

▶▶ 5

2.1. Trabajen en grupos. Examinen estos anuncios y analícenlos utilizando los criterios que se les dan a continuación. Justifiquen sus argumentos con elementos del mensaje publicitario y de la imagen.

Técnica utilizada:

— Proporcionar información técnica.
— Describir hechos.
— Sugerir.
— Utilizar el eslogan como principal captador de la atención.
— Apelar a emociones y sentimientos.
— Comparar con otros productos.
— Razonar.

Tono dado al mensaje:

— Persuasivo.
— Imperativo.
— Evocador.
— Humorístico.

Tipo de público al que va dirigido.

Para una mujer excepcional,
joyas con diamantes de excepción.

DESDE 1910. ARTE, CALIDAD Y PRESTIGIO

Domenech

1910
BARCELONA

Un diamante es para siempre.

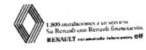

2.2. Trabaje con su compañero/a. Escojan uno de estos anuncios y desarrollen la siguiente situación: una empresa ha encargado la publicidad de su(s) producto(s) a una agencia. El responsable de la agencia (alumno A) propone un anuncio que a usted, empresario (alumno B), no le satisface. A deberá defender el anuncio y B criticarlo. Tengan en cuenta que el mensaje publicitario debe cumplir cuatro principios básicos:

- Atraer la atención del público.
- Promover su interés.
- Despertar el deseo.
- Impulsar a la acción.

▶▶ 6

3.1. La publicidad se sirve a menudo de imágenes un tanto sorprendentes para llamar la atención. Son imágenes de por sí poco ilustrativas pero que impulsan al lector a leer para ver de qué trata el anuncio. Viendo las imágenes que hay en esta página, ¿sería usted capaz de adivinar qué anuncian?

Puede utilizar los siguientes modelos de lenguaje:

> Yo diría que se trata de un anuncio de...
> A lo mejor es...
> No sé, pero podría ser...
> ¿Y si fuera...?

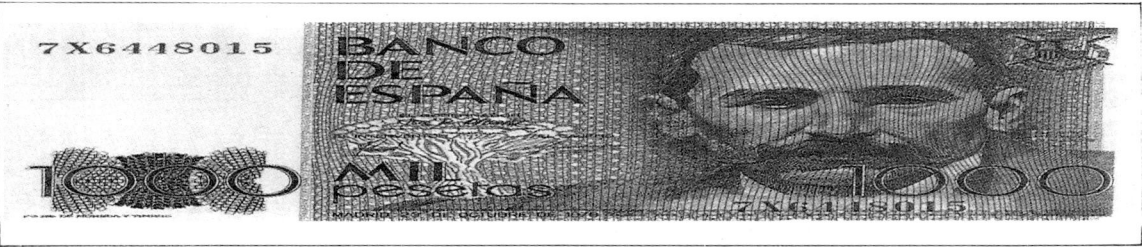

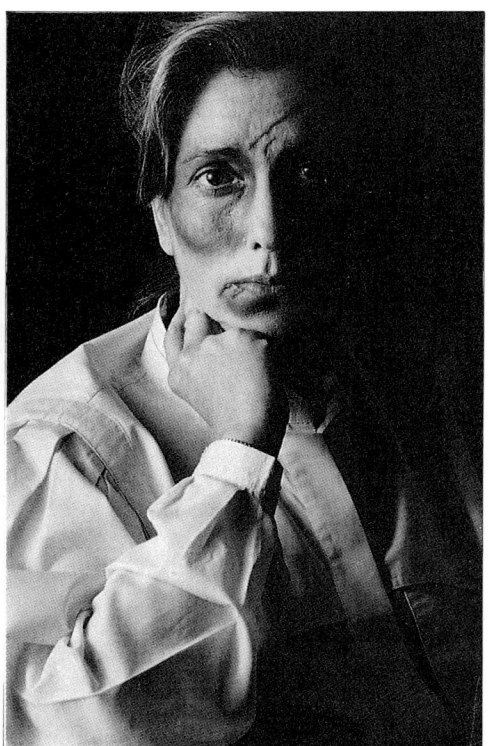

Si no te compras tú la ropa interior cualquier día vas a tener una sorpresa.

3.2.a. Muchos anuncios tratan de atraer la atención del lector por medio de un lenguaje basado en juegos de palabras: palabras de doble sentido, expresiones o frases hechas usadas en el sentido literal en lugar del sentido figurado más habitual, etc. Lea estos enunciados pertenecientes a diversos anuncios y trate de adivinar a qué producto o servicio hacen referencia. Después, identifique los elementos de la frase en los que se basa el juego de palabras.

Mejora tu tren de vida

Tenemos mucho que ver con usted

Picasso, Goya, El Bosco... todos los genios están a un metro

Este anuncio despertará su interés semana tras semana

Nos hemos puesto por encima del nivel europeo, volando

Esta señora sabe más de la cuenta

Muévete como en casa

Las noticias vuelan

No dé a sus clientes una mala impresión

3.2.b. Piense en anuncios populares en su país, que se sirvan de juegos de palabras. ¿Cómo los explicaría a un colega hispanohablante que no conoce su idioma? Practique con su compañero/a.

4.1. La empresa de cosméticos LIBÉLULA ha tomado la decisión de ampliar su gama de cosméticos masculina. Va a lanzar dos nuevos productos con el apoyo de una intensa campaña publicitaria, y ha escogido los servicios de la agencia de publicidad OMEGA, con la que ya ha trabajado anteriormente.

4.1.a. Oirá una conversación telefónica entre el señor Asensio, Director de Marketing y Comunicación de LIBÉLULA, y la secretaria de Fina Sala, Jefa de Publicidad de OMEGA. Redacte un mensaje como el que la secretaria dejaría para Fina Sala.

No lo recuerde, **A P Ú N T E L O**

Nota para el Sr. ....
    ☐ ha venido
    ☐ ha telefoneado

El Sr. ....
de la firma ....

Ha dejado dicho:

☐ que le llame   ☐ que telefoneará
☐ que pase a verle   ☐ que vendrá
                ☐ el siguiente mensaje

....
....
....
....
....
....
....
....

Tomada por .... día .... hora ....

4.1.b. Dé verbalmente el mensaje a Fina Sala como lo haría la secretaria.

4.1.c. Escuche un fragmento de la conversación entre el señor Asensio, Director de Marketing y Comunicación de LIBÉLULA, y Fina Sala, Jefa de Publicidad de OMEGA. Tome notas del contenido de la conversación en cada uno de los temas siguientes:

    a. Tipo de público al que va dirigido.
    b. Lugar de distribución.
    c. Envase.
    d. Encargo de la planificación de la campaña.

4.1.d. Basándose en sus notas, haga un informe verbal del contenido de la conversación.

▶▶ 7

4.2. Juego de roles

Trabajen en grupos de tres. Uno de ustedes es Fina Sala. El segundo es el Jefe de los Creativos y el tercero es el encargado de la planificación de medios de comunicación de la agencia. Apoyándose en los datos que se les proporcionan y teniendo en cuenta que disponen de un presupuesto de 200 millones, discutan y decidan:

1. Con el Jefe de Creativos:

— La mejor manera de impactar al posible comprador (eslóganes, argumentos, tono del anuncio...).
— Las estrategias de creación más adecuadas para cada medio de comunicación que se ha decidido emplear.

2. Con el Jefe de Planificación de Medios:

— Qué medios de comunicación van a emplear.
— Cómo tienen que ser los anuncios (tamaño/duración).
— Con qué frecuencia deben aparecer.

DATOS SOBRE DISTINTOS MEDIOS DE COMUNICACIÓN:

Publicidad exterior en vallas:
Fabricación/producción: 5 a 6 millones ptas.
Difusión: 90 a 100 millones ptas. para toda España.
Características:
- Carteles de 4 m × 3 m.
- Mensaje muy simplificado.

Ventajas: Rapidez de cobertura de superficie.
Inconvenientes: Precio elevado.

Televisión:
Fabricación/producción: 6 a 10 millones ptas. como mínimo.
Difusión: 130 millones ptas.
Características:
- Spot en hora de mayor audiencia: 5 a 6 millones ptas.
- Spot en hora de menor audiencia: 1,5 millones ptas.

Ventajas: Enorme difusión.
Inconvenientes:
- Muy caro.
- Es un medio de comunicación pasivo.

Radio:
Producción: 800.000 ptas.

Difusión:
- 500.000 ptas. en hora de gran audiencia.
- 15.000 ptas. en horas de menor audiencia.

Características: Cuñas publicitarias muy cortas: 30 segundos, 60 ó 90 palabras.
Ventajas: Bajo coste.
Inconvenientes: Excelentes, pero sólo para campañas de promoción especiales.

Revistas:
Producción: 1.200.000 ptas.
Difusión: 1.300.000 ptas. por página.
Características: Dirigido a mandos intermedios, ejecutivos.
Ventajas: Excelente para productos sofisticados.
Inconvenientes: Sólo para clientela con alto poder adquisitivo.

Cine:
Producción: 6 a 10 millones ptas.
Difusión: 50 millones ptas.
Características: Dirigido a un público muy joven (menor de 25 años).
Ventajas: Muy espectacular. Muy interesante para atraer a los jóvenes.
Inconvenientes: Muy caro por el número de personas que se alcanza.

5.1. Mire este dibujo y diga qué cree que se anuncia en él.

CAFETERA PARA MASOQUISTAS

5.2. Este artículo informa sobre una campaña publicitaria. Léalo y responda a las siguientes preguntas:

a. ¿En qué tipo de soporte aparecieron los anuncios Carelman?
b. ¿Por qué resultaban enigmáticos?
c. ¿Qué producto se anunciaba y con qué objetivo? ¿Quién era el anunciante?
d. Haga una lista de todos los objetos imposibles creados por Carelman mencionados en el texto. Después piense cómo podría definir el concepto de «objeto imposible».

El anuncio que vende imaginación
Unas vallas crean expectación al paseante de Madrid

ROGER SALAS

Comenzaron a aparecer hace poco más de un año. El foco de atención principal fue la plaza de Cibeles. Se veían desde todos los lados: a pie, en coche, en autobús. Eran básicamente idénticas de diseño: un gran letrero donde sólo variaba el curioso objeto imposible del dibujo.

Tampoco tenían unas señas en dónde adquirirlos, o al menos una pauta del fabricante. Sólo, en letra pequeña, el nombre de Jacques Carelman, su creador.

El enigma creció en los meses siguientes, cuando el número de objetos imposibles y de vallas repartidas por las principales plazas de la ciudad se hicieron más numerosos.

Preservativo de encaje

Los objetos imposibles de Jacques Carelman llamaron la atención de mucha gente. Incluso hubo ingenuos que llegaron a los grandes almacenes y a tiendas de regalos a ver si por casualidad tenían la cafetera para masoquistas, el martillo para clavos inaccesibles o *el rápido,* un cepillo de dientes capaz de atender los dos lados de la boca a la vez. Eran el regalo ideal, la broma por excelencia.

El objetivo del anunciante, en este caso un profesional del ramo publicitario, estaba conseguido: que no pasara indiferente este espacio del mobiliario urbano destinado a vender y promocionar.

La revista semanal *Época* le dedicó a este creador un amplio reportaje, que recogía una numerosa muestra de la colección (en las vallas sólo llegaron a aparecer cinco de sus creaciones, inteligentemente escogidas entre objetos muy reconocibles, de fácil visualización y uso cotidiano).

En las vallas nunca apareció su preservativo de fino encaje (Carelman ha expuesto su obra imposible en Alençon, ciudad francesa famosa por sus encajes), sin suponer el artista en cuestión que la picaresca española, mucho antes y de manos do-mésticas, había inventado el adminículo contraconceptivo de ganchillo, aunque con nulos resultados. Tampoco han llegado a las masas callejeras la bañera con puerta de acceso o la mesa de pimpón ondulada.

La empresa que colocó las vallas en Madrid reconoce hoy, cuando la campaña está a punto de terminar, que el experimento ha sido rotundamente positivo: todos los espacios que ocuparon los objetos imposibles hoy están ocupados por cosas más o menos reales y posibles de encontrar en el mercado. La lista de objetos imposibles realizados, o al menos ideados, por Carelman llega, entre otros, a una pecera con jaula incorporada para peces voladores, un reloj de arena antivejez con gruesas piedras en vez de polvo, una pipa de doble cazoleta para viciosos del humo y una cacerola con grifo para drenar la sopa. Carelman ha pensado en las *paridas* de todos.

5.3. En pequeños grupos traten de diseñar algún otro objeto imposible y descríbanselo al resto de la clase.

5.4. Los párrafos de la página siguiente pertenecen a un artículo sobre la publicidad en el sector bancario.

a. Póngalos en orden y justifique su decisión.

b. Resuma, lo más brevemente posible, la(s) idea(s) principal(es) de cada párrafo.

c. ¿Cuáles son las características que, en su opinión, debe tener la publicidad de productos bancarios?

Más imaginación

A

«La publicidad que hacen los bancos de sus servicios o productos financieros en que se haga referencia a su coste o rendimientos para el público está sometida a régimen de previa autorización», reza el capítulo 3° de la ley sobre tipo de interés y comisiones, normas de actuación, información a clientes y publicidad de las entidades de crédito, publicada en el BOE del pasado 19 de diciembre. Esta censura previa corre a cargo del Banco de España, que da su visto bueno «previa comprobación de que la publicidad se ajusta a las normas aplicables sobre cálculo del coste o rendimiento para el público, y recoge con claridad, precisión y respeto de la competencia las características de la oferta financiera». La ley viene a reunificar la normativa ya vigente que se encontraba dispersa.

B

Pero la Unión de Consumidores de España (UCE) dice que esta publicidad es incorrecta «porque se está tergiversando el sentido de la tasa anual equivalente [que sirve para homologar todos los productos y poder comparar unos con otros], y recoge de manera desequilibrada aspectos informativos que tienen la misma importancia para el consumidor, y, sin embargo, aspectos fundamentales no quedan reflejados o los silencian». Respecto a la función de control que ejerce el banco emisor sobre este tipo de anuncios, la UCE considera que el criterio que utilizan —el de la veracidad— es demasiado global, y tachan su actuación de «desequilibrada hacia el lado de la banca, y estamos convencidos de que hay negligencia en la actuación administrativa».

C

S.G.C.

El sector bancario acaba de despertar al mundo de la publicidad. A esta tardía incorporación se añade el que, por primera vez, han entrado en la competencia de su publicidad es que es aburrida y de bebidas refrescantes. La nota general poco imaginativa. «Si has estado alguna vez en un consejo de administración de un banco te explican muchas cosas, ya que es un sector muy conservador y no le gusta arriesgar en este sentido; pero en publicidad no se puede ser conservador», comenta el director de una de las agencias más importantes de España.

D

Según el informe elaborado por la agencia J. Walter Thompson sobre inversiones publicitarias en España, el sector de las finanzas creció en 1988 muy por encima de la media con una inversión de 126.902 millones de pesetas, que representa un 8,8% del volumen total invertido. En 1989, esta cifra se ha incrementado en un 29% debido a la guerra de las supercuentas, los fondos de pensiones y otros productos que apuestan por la competitividad.

E

Esta asociación cree que para que un anuncio de este tipo sea claro, lo primero que debe hacer es identificar bien el producto, porque no se sabe si los intereses y condiciones que se ofrecen son de una cuenta corriente, de bonos, de un depósito a la vista o a plazos. También señalan que los consumidores deben tener en cuenta el servicio que presta el banco y cómo lo presta. «Este tipo de cosas, que suponen un valor añadido, los españoles no lo valoran». La recomendación final que hacen reza así: «Meta su dinero en el banco que más le dé, pero tenga en cuenta el que mejor se lo dé».

1.1. ¿Sabría decir a qué hecho ocurrido en España en 1989 se refiere este titular?

De los corros al ordenador

1.2.a. Rellene los espacios en blanco que hay en estos fragmentos de información bursátil con las palabras de la lista.

Las bolsas de Nueva York y de Francfort registraron ayer, en la primera sesión del año, nuevos (1) _____ históricos. Wall Street terminó la sesión con una fuerte (2) _____ de 52,90 puntos, que hizo que el (3) _____ Dow Jones se situase en un récord de 2.806,10.

En el Reino Unido se registró igualmente un buen tono (4) _____, en una continuación de la tendencia (5) _____ de las últimas semanas. Sin embargo, hacia el (6) _____ de la sesión se registraron algunas realizaciones de beneficio.

La Bolsa de París registró leves presiones vendedoras a causa de los temores de los (7) _____ respecto a una posible subida de los (8) _____ en ese país.

La tónica de la jornada en el Mercado de Valores de Tokio fue la apatía. El (9) _____ osciló entre 141,99 y 142,10 yenes. El (10) _____ fue de 4.004 millones de dólares.

Por su parte, la Bolsa de Hong Kong cerró ayer con tendencia (11) _____.

La sesión de ayer en la Bolsa de Barcelona volvió a caracterizarse por la escasa (12) _____ registrada. A estas alturas no parece posible esperar el repunte (13) _____ de final de año.

cierre	tipos de interés
actividad negociadora	bursátil
máximos	al alza
volumen de negocio	cambio
alcista	inversores
índice	subida
a la baja	

1.2.b. Éstas pueden ser algunas de las causas de descenso o aumento en el volumen de contratación de la bolsa. ¿Puede añadir otras?

- Subida/bajada del precio del crudo.
- Aceleración de la inflación.
- Subida/bajada de tipos de interés.
- Situación de la peseta.
- Aumento/descenso de la tasa de crecimiento.
- Reajuste de paridades en el SME.
- Deterioro de los beneficios empresariales.

1.2.c. Trabaje con su compañero/a. Practiquen expresando la causa de las variaciones en la actividad bursátil. Pueden utilizar este modelo:

Modelo: El descenso del volumen de contratación fue debido a...
 ascenso   fue consecuencia de...
                                                     se debió a...

1.3.a. Coloque los siguientes verbos, en el tiempo correspondiente, en los espacios en blanco de este informe sobre el mercado de divisas.

ceder	perder	cambiar	cotizar	registrar

El dólar se (1) _____ ayer en el mercado de divisas de Madrid a 108,59 ptas. Esta divisa (2) _____ también posiciones respecto al marco y al franco. El marco (3) _____ una fuerte subida frente a otras monedas, excepto la peseta: el marco se (4) _____ ayer a 64,68 ptas. La libra (5) _____ frente al marco, llegando al cambio más bajo de todos los tiempos.

1.3.b. Oirá a dos personas que comparan los cambios que se han producido en las cotizaciones de algunas divisas frente a la peseta durante un determinado período de tiempo. Anote los nombres de las divisas y señale si su cotización ha subido (↑), bajado (↓), o si se ha mantenido igual (=).

1.3.c. En pequeños grupos comenten la situación actual de algunas de las más importantes divisas y las causas de las oscilaciones que se hayan producido.

▶▶ 1

▶▶ 2

2.1.a. Lea los diferentes conceptos que intervienen en el esquema de balance que encontrará a continuación y decida a qué definiciones corresponden los siguientes términos, rellenando el espacio en blanco con la letra apropiada.

1. ( ) Exigible a corto plazo.   4. ( ) Exigible a medio plazo.
2. ( ) Activo inmovilizado o fijo.   5. ( ) Activo circulante.
3. ( ) Patrimonio neto.

a. Activos que han de permanecer en la empresa menos de 18 meses.
b. Deudas con vencimiento inferior a los 18 meses.
c. Diferencia entre el Activo y todas las deudas de la empresa.
d. Activos que han de permanecer en la empresa más de 18 meses.
e. Deudas con vencimiento entre los 18 meses y cinco años.

2.1.b. Decida cuáles de los 5 términos anteriores corresponden al Activo y cuáles al Pasivo, y complete los espacios en blanco (marcados con letra) del Balance.

BALANCE DE SITUACIÓN

ACTIVO

(a) _____

Material

— Terrenos.
— Reservas voluntarias.
— Maquinaria.
— Amortizaciones.
— Inversiones en curso.

Financiero

— Cartera de valores.
— Préstamos.
— Depósitos y fianzas.

(b) _____

Existencias

— Mercancías.
— Productos en curso.
— Productos terminados.
— Materias primas.

Realizables

— Clientes.
— Efectos al descuento.
— Deudores varios, menos provisiones para insolvencias.

Disponible

— Cajas y bancos.

Resultados

— Pérdidas y ganancias (pérdidas).

PASIVO

(c) _____

— Capital social.
— Reservas legales.
— Reservas regularización del balance.

(d) _____

— Acreedores.

(e) _____

— Proveedores.
— Hacienda Pública por conceptos fiscales.
— Socios y obligacionistas.

Resultados

— Pérdidas y ganancias (beneficios).

2.2.a. Escuche el informe que el Presidente del Banco Nardi hace a su Consejo de Administración sobre los resultados del ejercicio. Al mismo tiempo mire la Cuenta de Resultados y complete los datos que faltan con la información que oirá.

CUENTA DE RESULTADOS CONSOLIDADA

	1992	1991	Variación Absoluta	Relativa
HABER				
Productos de la actividad financiera	**12.299**	7.482	+ 4.817	+ 64%
Activos monetarios	2.234	771	+ 1.463	+ 190%
Intermediarios financieros	660	486	+ 174	+ 36%
Inversiones crediticias	8.977	6.118	+ 2.859	+ 47%
Cartera de valores	428	107	+ 321	+ 300%
Productos por servicios	**218**	130	+ 88	+ 68%
Avales y fianzas	33	28	+ 5	+ 18%
Otros servicios bancarios	185	102	+ 83	+ 81%
Otros productos	**1.173**	635	+ 538	+ 85%
TOTAL				
DEBE				
Costos financieros	5.964	3.129	+ 2.835	+ 91%
Gastos de plantilla	781	474	+ 307	+ 65%
Gastos generales	1.221	654	+ 567	+ 87%
Amortización inmovilizados y previsión por insolvencia	319	242	+ 77	+ 32%
Amortización activos en *leasing*......		3.202	+ 1.372	+ 43%
TOTAL	12.859	7.701	+ 5.158	+ 67%
Beneficio antes de impuestos		546		
Cash-flow	5.724	3.990	+ 1.734	+ 43%

▶▶ 3

2.2.b. Trabaje con su compañero/a. Cada uno explica al otro dos de los aspectos siguientes, según el modelo de lenguaje presentado en el apartado 2.2.a, tomando como fuente de información la misma Cuenta de Resultados.

1. Los productos de la actividad financiera.
2. Las inversiones crediticias.
3. Los gastos generales (tenga en cuenta la instalación de sucursales para aumentar el ámbito de acción).
4. El *cash-flow*.

▶▶ 4

3.1.a. Escuche tres diálogos que tienen lugar en las oficinas de un banco y diga de qué tratan.

3.1.b. Relacione las expresiones que utilizan los clientes con el término bancario exacto que les corresponde.

- hacer un cheque
- meter dinero
- firmarlo detrás
- sacar dinero

- ingresar
- retirar / extraer / hacer un reintegro
- extender
- endosar

▶▶ 5

3.2. Escuche el diálogo de la grabación y decida si las siguientes afirmaciones son verdaderas o falsas.

	V	F
1. La clienta quiere que el banco pague sus recibos cargándolos a su cuenta.	☐	☐
2. Hasta ahora las compañías de gas y electricidad le cobraban a domicilio.	☐	☐
3. La clienta decide domiciliar también su nómina porque le ofrecen ventajas.	☐	☐

3.3.a. Rellene los espacios en blanco con las palabras y expresiones de la lista.

- a. **tarjeta de crédito**
- c. **reembolsarán**
- e. **cuenta indistinta**
- g. **cheques de viaje**

- b. **a la vista**
- d. **a plazo fijo**
- f. **tipo de interés**

Pues, si tiene que viajar tanto, creo que lo mejor sería abrir una (1) _____ con su hijo, así él podrá operar durante su ausencia.

Sí, es verdad que tiene mucho dinero en esta libreta, señor Cano. ¿Por qué no lo pasa a una libreta (2) _____ ? A dos años, por ejemplo. Le dará un (3) _____ más alto que el de esta libreta (4) _____ .

Aunque ahora se pueden pagar muchas cosas con (5) _____ , yo lo que le aconsejaría es llevar una cantidad en (6) _____ , porque se los (7) _____ en caso de robo o pérdida.

3.3.b. Trate de encontrar la pregunta que dio lugar a estos consejos.

▶▶ 6

3.3.c. Uno de ustedes es un cliente y el otro es un empleado de banco. Pidan y den consejo sobre las siguientes situaciones.

1. Tiene que salir de viaje y quiere depositar sus joyas y valores en un lugar seguro.
2. Desea invertir un millón de pesetas en un título de rentabilidad media, pero interesante desde el punto de vista fiscal.
3. Debe realizar un largo viaje por distintos países de América Latina y no sabe qué moneda llevar.
4. Un familiar de edad avanzada tiene su libreta sólo a su nombre.

3.4.a. Escuche los diálogos de la grabación y explique cuál es el problema que plantea el cliente y cuál es la solución propuesta por el empleado. Anote las expresiones que éste utiliza para dar la solución.

▶▶ 7

▶▶ 8

3.4.b. Trabaje con su compañero/a. Uno de ustedes adoptará el papel de cliente y el otro el de empleado del banco. Construyan diálogos adaptados a los siguientes problemas y encuentren una solución.

1. El cajero automático del vestíbulo no funciona bien y no le acepta la orden de retirar dinero.
2. Una clienta tiene un número secreto personal de su tarjeta de crédito y no le es fácil memorizarlo.
3. El cliente es propietario de un establecimiento comercial cercano y no quiere dejar cheques ni dinero en su tienda por la noche. El banco cierra mucho antes que él.
4. A un señor extranjero le han robado el dinero y todos sus documentos y acude a una sucursal de su banco en España para que le ayude.
5. Un cliente acaba de perder un cheque nominativo y va a su banco para preguntar qué tiene que hacer.
6. El cajero automático se ha tragado la tarjeta de una señora.

4.1. Escuche la conversación que mantienen Diana Vera y el Jefe del Departamento de Créditos del Banco BAI al que ella ha acudido para solicitar un crédito. Tome notas y haga dos listas con las informaciones que quieren obtener Diana Vera y el Jefe de Créditos del banco, respectivamente.

▶▶ 9

4.2. Juego de roles.

Trabaje con su compañero/a:

A.
Es el propietario de una empresa mediana en plena expansión. Ha decidido ampliar sus instalaciones y quiere construir una nave industrial al lado de la que posee. Necesita un crédito para comprar el terreno y edificarla. Se dirige a su banco, con el que ya ha establecido un primer contacto y al que ha mandado toda la información sobre la empresa requerida por éste. Usted va a negociar con el Jefe de Créditos y se propone obtener las mejores condiciones sobre:
— La cuantía del crédito.
— El tipo de interés.
— El plazo de devolución.
— Las garantías exigidas por el banco.

Datos que va a necesitar:

— Opera con el banco desde la creación de la empresa.
— Nunca ha tenido un descubierto.
— Paga los salarios de la plantilla a través del banco.
— Su empresa nunca ha sufrido pérdidas.
— Los documentos de que consta su dossier son muy detallados y cubren los tres últimos años de la empresa.
— En el último trimestre ha tenido problemas de tesorería, pero demuestra que tiene cobros pendientes de clientes importantes.
— No está dispuesto a conceder garantías adicionales si el crédito que le ofrece el banco es hipotecario.

B.
Es el Jefe de Créditos de SYMPLIBANCO y ha estudiado el dossier del cliente, al que conoce bien. Usted cree que el caso es bastante claro, pero muestra una cierta reticencia a conceder todo lo que le pide. Utiliza los problemas de tesorería que ha tenido el cliente como arma para poner reservas, y las recientes restricciones crediticias impuestas por el Gobierno para demostrar que le trata de un modo preferencial sólo por el hecho de atender su demanda. Le ofrece:

— Un crédito hipotecario para la adquisición del terreno y la construcción de la nave industrial.
— El 60% del valor de tasación del terreno y del presupuesto de construcción de la nave como cantidad a prestar. Está dispuesto a llegar al 65%, pero no al 70%, puesto que estima que los riesgos de un local de este tipo son bastante altos.
— Un tipo de interés del 17%. Lo rebajará hasta un 15%, si el cliente insiste mucho y sus argumentos son convincentes.
— Un plazo de devolución de 15 años, aunque puede aumentarlo un poco.
— Pide una garantía adicional de un avalista personal del cliente.

4.3.a. Escuche una parte del artículo que acompaña al cuadro siguiente (son datos de 1989) y sustituya las letras en negrita por las cifras que oirá.

PRECIO DE LOS CRÉDITOS EN CINCO PAÍSES EUROPEOS

	España	Bélgica	RFA	Francia	Holanda
Crédito de 125.000 pesetas a un año					
Total pagado	139.562	136.187	133.125	134.837	133.837
Intereses + gastos	14.562	11.187	8.125	9.837	8.837
% intereses + gastos	11,6	8,9	6,5	7,8	7,0
Diferencia en pesetas (*)	6.437	3.062	0	1.712	712
Diferencia en puntos (*)	5,15	2,4	0,0	1,3	0,5
Crédito de 500.000 pesetas a cuatro años					
Total pagado	703.000	639.000	613.500	671.000	619.500
Intereses + gastos	203.000	139.000	113.500	171.000	119.500
% intereses + gastos	40,6	27,8	22,7	34,2	23,9
Diferencia en pesetas (*)	89.500	22.500	0	57.500	6.000
Diferencia en puntos (*)	17,9	5,1	0,0	12,5	1,2
Crédito de 1.000.000 de pesetas a cinco años					
Total pagado	**a**	1.342.000	1.275.000	1.361.000	**b**
Intereses + gastos	517.000	342.000	275.000	361.000	242.000
% intereses + gastos	**c**	34,2	27,5	36,1	**d**
Diferencia en pesetas (*)	275.000	100.000	33.000	119.000	0
Diferencia en % (*)	27,2	10,0	3,3	11,9	0,0

* En comparación con el crédito más barato.

4.3.b. Escuche el fragmento siguiente del mismo artículo y responda a estas preguntas sobre su contenido:

1. ¿Quién encargó el estudio?
2. ¿Quién lo realizó?
3. ¿Cuál fue la moneda en que se hicieron los cálculos iniciales?
4. ¿Cuáles son los dos hechos principales que pone de manifiesto el artículo?

4.3.c. Trabaje con su compañero/a. Miren el cuadro y hagan comparaciones sobre otros aspectos del mismo. Las siguientes expresiones pueden serles útiles:

> ... son más caros que...
> ... paga más/menos que...
> El que más/menos paga es...
> ... es el país más caro/barato.
> ... son entre un ...% y un ...%
> más caros/baratos que...

4.3.d. Trabajen en grupos. Intenten buscar las causas de que los créditos en España tengan un coste tan elevado. Después, lean el fragmento del artículo que acompaña al cuadro de la página anterior (con datos de 1989) y comprueben si su versión es la misma o no.

Intereses poco europeos

(...) Las diferencias en el precio de los créditos son explicables en parte por causas macroeconómicas, como las distintas tasas de inflación. En España fue del 6,3% en 1988, mientras que en Francia fue del 3,4%, en Bélgica y Alemania del 2,7% y en Holanda del 1%.

También influye el interés del mercado monetario, es decir, el interés a corto plazo por el que se refinancian los bancos. (...)

Pero, según Salvador Novell, hay otros factores que influyen en la carestía del dinero en España.

Novell afirma que en los créditos influyen las deficientes estructuras de las entidades financieras españolas, como el exceso de personal y falta de mecanización. En España, las concesiones de créditos conllevan asimismo distintas valoraciones del riesgo, pues la irrecuperabilidad de los créditos y las posibilidades de cobrar las deudas revisten cierta importancia al fijar los tipos de interés.

5.1.a Lea el artículo que viene a continuación y clasifique las informaciones que contiene, rellenando el cuadro siguiente en forma de notas.

Ya pagaremos mañana

El precio que hay que pagar a los grandes bancos y cajas de ahorro para poder gastar hoy el dinero que ganaremos mañana oscila entre el 14% y el 19% en los créditos personales y entre el 13,5% y el 16% cuando ese dinero se dedica a comprar una vivienda. Esas diferencias dependen, en parte, de la entidad a la que se dirige el particular, aunque su mayor seña diferenciadora no es el precio, sino la forma en la que presentan su *producto*.

(...) El 18,5% que tiene que pagar un particular que no sea cliente del Bilbao por un préstamo personal puede reducirse hasta en un 1,75% si es cliente y ha domiciliado la nómina, un par de recibos, tiene la tarjeta Visa del Bilbao y ha suscrito algún seguro con esta entidad.

El tipo de interés que aplica el Bilbao es fijo durante los cinco años que, como máximo, puede extenderse la amortización del crédito personal, que no podrá exceder los cinco millones de pesetas.

Su acompañante de *tándem*, el Vizcaya, exige unos precios menores a sus clientes con la condición de que domicilien su nómina en el banco. La cantidad máxima que presta el Vizcaya bajo su fórmula «Credi-ideas» no tiene, en principio, límite. Depende de la capacidad de pago de quien solicita esa financiación y del destino al que quiera dedicarla. El tipo de interés que tendrá que pagar por el préstamo oscila entre el 14,5% y el 17%, según sea su relación con el banco. Tendrá que devolver el principal y los intereses antes de cinco años.

El precio de los préstamos personales del Banesto para la adquisición de bienes de consumo duradero está dentro de la banda de tipos del Vizcaya. Ofrecen un máximo de tres millones de pesetas a pagar antes de cinco años a un 15% o un 16%, según el plazo. Pero si el demandante quiere dedicar ese dinero a pagar un viaje o un crucero turístico, el interés sube hasta el 17%; el viaje no deberá costar más de 500.000 pesetas y hay que devolverlo antes de dos años. (...)

CRÉDITOS

Banco o Caja	Bilbao	Vizcaya	Banesto
Tipos de interés			
Condiciones para interés más bajo			
Interés fijo y duración			
Plazo de amortización			
Límite de crédito			

5.1.b. Trabajen en grupos. Con la información obtenida, decidan a qué banco debería dirigirse Ricardo Arias, que necesita un crédito de un millón y medio de pesetas para comprarse un coche todoterreno. Ricardo es aparejador y ya tiene un coche para su trabajo. Su salario es de 250.000 pesetas mensuales. Escriba un párrafo justificando su decisión.

▶▶ 10

5.2. Este texto trata de la posible fusión de dos cajas de ahorros catalanas: La Caixa y Caixa de Barcelona. Léalo y anote el tipo de lenguaje que el autor utiliza para expresar distintos grados de certeza sobre el proceso de fusión y el futuro de la nueva entidad resultante.

La fusión de La Caixa, actualmente la segunda entidad financiera española en recursos ajenos (a poca distancia del Banco Bilbao Vizcaya), con Caixa de Barcelona convertiría, sin lugar a dudas, a la nueva caja resultante en la primera del país, con unos recursos ajenos de 3,75 billones de pesetas, según los depósitos contabilizados a finales del pasado junio.

La obtención de plusvalías y sus consiguientes beneficios fiscales han sido, con toda seguridad, los estímulos que más han impulsado esta propuesta de fusión. Es muy probable que con la fusión, y merced a las exenciones fiscales que de ella se derivarían, afloraran plusvalías y reservas implícitas de entre 150.000 y 200.000 millones de pesetas.

Por otra parte, no cabe duda de que la fusión permitiría acrecentar la presencia, ya de por sí destacada, de las dos cajas en el sector de los servicios y de la energía: probablemente controlarían todo el mercado de las autopistas de peaje, obtendrían una posición de privilegio en Catalana de Gas y serían uno de los principales accionistas privados de Telefónica.

Finalmente, no hay que olvidar que el propio impacto de la fusión permitiría tal vez pasar a segundo plano algunos de los problemas actuales de las entidades, tales como las primas únicas y la reducción de beneficios de Caixa de Barcelona.

▶▶ 11

▶▶ 12

Unidad 9 Economía y comercio internacional

1.1. Las expresiones siguientes se utilizan frecuentemente al hablar de comercio exterior. ¿Puede dar una definición de cada una de ellas?

Invisibles
Balanza de pagos
Superávit
Déficit comercial
Déficit acumulado
Tasa de cobertura
Ejercicio
Ingresos por servicios
Ingresos por transferencias.

1.2. Trabaje con su compañero/a: comenten este gráfico sobre comercio exterior español (son datos de 1989).

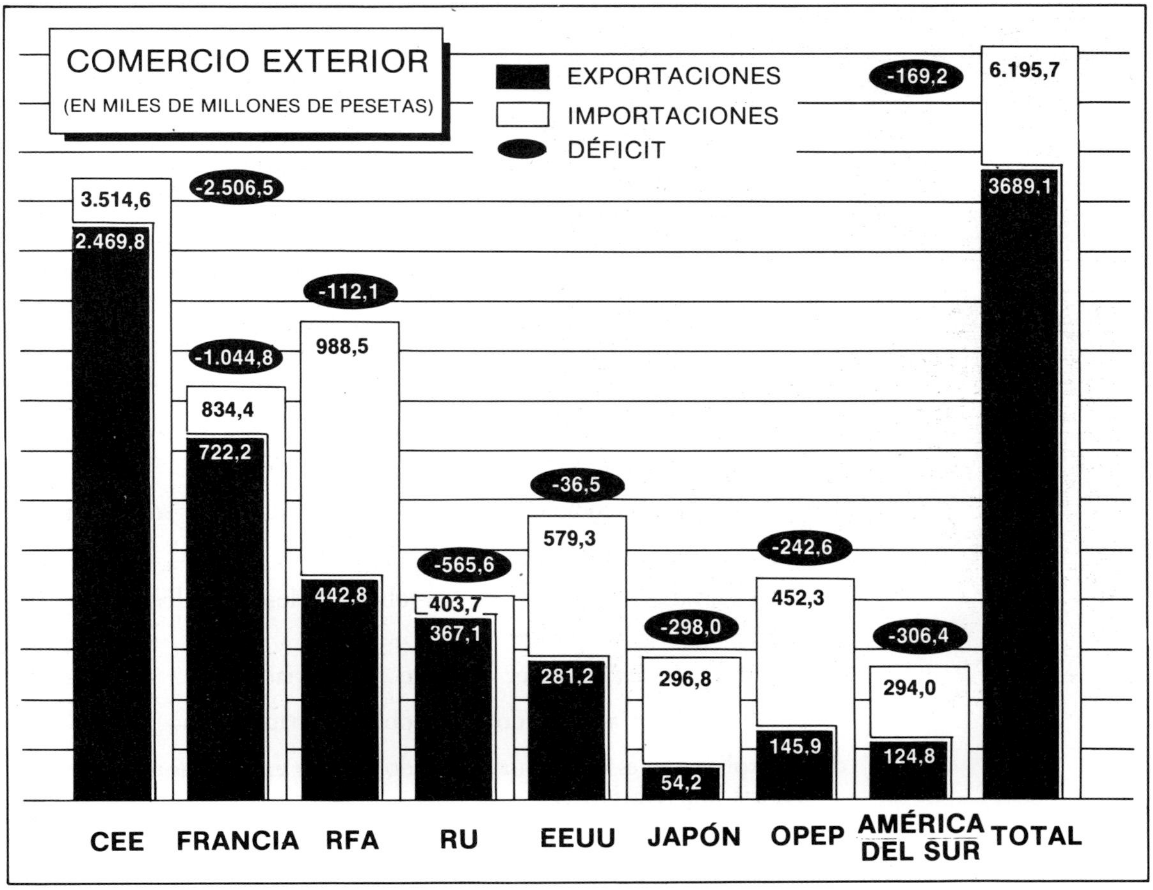

COMERCIO EXTERIOR
(EN MILES DE MILLONES DE PESETAS)

■ EXPORTACIONES
□ IMPORTACIONES
● DÉFICIT

	CEE	FRANCIA	RFA	RU	EEUU	JAPÓN	OPEP	AMÉRICA DEL SUR	TOTAL
Exportaciones	2.469,8	722,2	442,8	367,1	281,2	54,2	145,9	124,8	3689,1
Importaciones	3.514,6	834,4	988,5	403,7	579,3	296,8	452,3	294,0	6.195,7
Déficit	-2.506,5	-1.044,8	-112,1	-565,6	-36,5	-298,0	-242,6	-306,4	-169,2

Un acreedor en cada puerto

El aumento de las relaciones comerciales con el exterior se traduce en un «boom» importador

PILAR MARCOS

El objetivo de terminar el año con un déficit comercial inferior a los tres billones de pesetas es, con los datos acumulados hasta septiembre, más que improbable. Los 2,5 billones de déficit acumulado hasta el 30 del mes pasado suponen un aumento del 50% sobre los 1,66 billones que tenía España como déficit comercial hace un año. El fuerte crecimiento de las importaciones (un 22,3%), que casi ha triplicado al de las exportaciones (un 8,3%), es la primera explicación de este aumento del desequilibrio comercial.

El desglose de la factura comercial por productos y países añade alguna luz a esta explicación. El aumento de las relaciones comerciales con la Comunidad Europea, y en general con los países de la OCDE, se ha dirigido de forma mucho más acusada a las importaciones: mientras el aumento de las exportaciones hacia la Comunidad ha sido del 10,6% durante estos nueve meses, las importaciones lo han hecho en un 22,8%.

El salto es aún más radical en las relaciones comerciales con Estados Unidos, con un crecimiento de las exportaciones del 6,2%, mientras las importaciones lo hacían en un 34,3%. Los países agrupados en la OPEP también son un buen ejemplo de esta evolución; con ellos las ventas españolas caen en un 7,8%, mientras que las importaciones desde esos países han seguido creciendo a un ritmo del 26,6%.

El resultado de este especial aumento de las relaciones comerciales españolas con el resto del mundo es una caída de 10 puntos en la tasa de cobertura, que es el porcentaje de importaciones que puede pagarse con los ingresos por exportación.

1.3. Lea el artículo que acompaña al gráfico y diga si estas frases son verdaderas o falsas.

		V	F
a.	El Gobierno se había propuesto no sobrepasar los tres billones de déficit al final de año.	☐	☐
b.	La autora del artículo cree que esto es todavía posible.	☐	☐
c.	El actual déficit acumulado es el doble que hace un año.	☐	☐
d.	La explicación es que han aumentado más las exportaciones que las importaciones.	☐	☐
e.	La tasa de cobertura ha bajado porque ha habido poca actividad comercial entre España y otros países.	☐	☐

1.4. Asocie los textos de la columna izquierda con los de la columna derecha para formar frases. Después ponga uno de los siguientes conectores en los espacios en blanco.

Sin embargo	No obstante	A pesar de	Aunque	Si bien

1. _____ el peso de las relaciones comerciales con Portugal y Grecia es bastante bajo,

   las importaciones tienen un peso ligeramente menor.   **A**

2. _____ el volumen total de comercio con Francia es alto,

   España sigue siendo un país que exporta poco.   **B**

3. España efectúa muchas compras en Japón;

   _____ existen muchas diferencias en el volumen de negocio con unos países u otros.   **C**

4. Las relaciones comerciales con la CE han aumentado considerablemente;

   _____ , con los ingresos de exportación a ese país sólo se cubre un 18,3% de las compras.   **D**

5. _____ la mejora en el volumen global de negocios con el mercado exterior,

   son los dos países de la CE con los que España mantiene superávit comercial.   **E**

▶▶ 1

1.5. Escuche un informe sobre importaciones y exportaciones españolas.

   a. Tome nota de los productos mencionados.
   b. Señale si las importaciones o exportaciones de cada uno de esos productos ha aumentado o disminuido.

1.6. Trabajen en grupos: hagan un informe oral sobre la situación de la balanza de pagos en su país.

1.7. Éstas son algunas opiniones manifestadas por empresarios con respecto al tema de las exportaciones. Léalas y dé su opinión personal.

> Los altos tipos de interés y los costes financieros, fiscales y sociales de las empresas están entorpeciendo el comercio exterior español.

> No se trata únicamente de facilitar la apertura de nuevos mercados o de facilitar los trámites burocráticos, sino de mejorar la productividad del sistema para que los productos españoles sean más competitivos.

> Se debe cuidar sobre todo la calidad. Muchos países, que son grandes clientes potenciales, exigen calidad y presentación y están dispuestos a pagar por ello.

> Hay que potenciar las ventas en el exterior de aquellos sectores que aportan un mayor valor añadido a los productos.

> Considero importante llevar una doble estrategia: por una parte, competir en todos los concursos internacionales pertinentes; por otra, comprar participaciones en empresas extranjeras como medio de catapultarse a los mercados europeos.

2.1. Estos gráficos representan el resumen visual de las principales tendencias de la economía española en 1989.

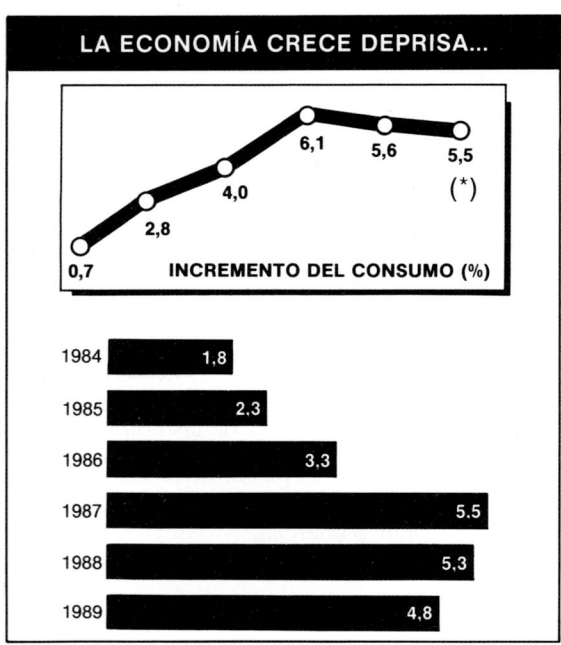

LA ECONOMÍA CRECE DEPRISA...

6,1 — 5,6 — 5,5 (*)
4,0
2,8
0,7

INCREMENTO DEL CONSUMO (%)

1984	1,8
1985	2.3
1986	3,3
1987	5.5
1988	5,3
1989	4,8

...EL EMPLEO TAMBIÉN...

500.000 (**)
384.000
332.000
246.000
213.000
108.000

N.º DE EMPLEOS

PARO/POBLACIÓN ACTIVA (%)(**)

21,2	21,5	20,7	20,1	18,5	16,3
1984	1985	1986	1987	1988	1989

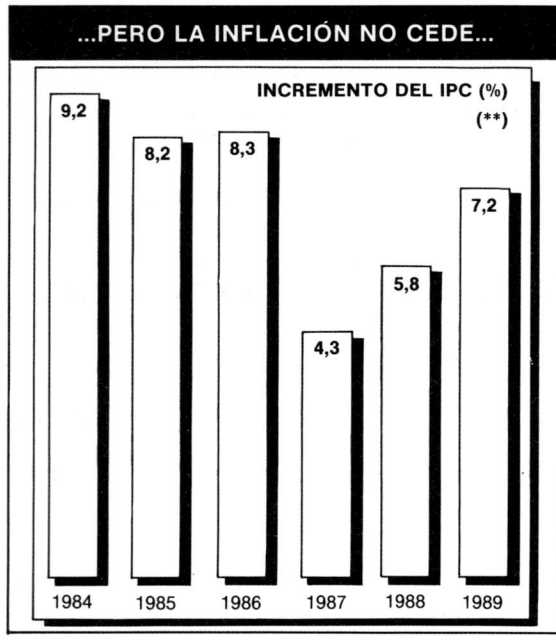

...PERO LA INFLACIÓN NO CEDE...

INCREMENTO DEL IPC (%) (**)

9,2 — 8,2 — 8,3 — 4,3 — 5,8 — 7,2

| 1984 | 1985 | 1986 | 1987 | 1988 | 1989 |

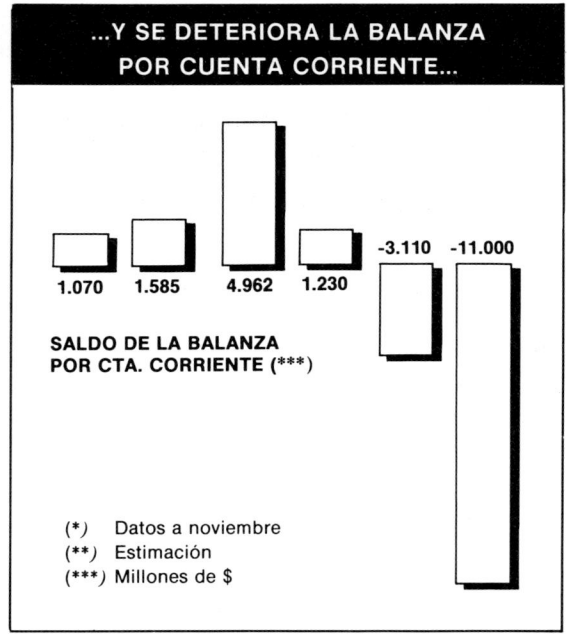

...Y SE DETERIORA LA BALANZA POR CUENTA CORRIENTE...

1.070 — 1.585 — 4.962 — 1.230 — -3.110 — -11.000

SALDO DE LA BALANZA POR CTA. CORRIENTE (***)

(*) Datos a noviembre
(**) Estimación
(***) Millones de $

2.1.a. Trabajen en grupos. Comenten los datos contenidos en los diferentes apartados e intenten determinar cuáles tienen relación de causa y efecto entre sí.

2.1.b. Conecten la información que hay en los recuadros, indicando la relación de causa y efecto entre los diferentes elementos.

Ejemplo:

> Ha crecido el número de puestos de trabajo.
> Hay más poder adquisitivo.
> El consumo es mayor.

— El hecho de que haya crecido el número de puestos de trabajo hace que haya más poder adquisitivo y, por consiguiente, que el consumo sea mayor.
— Al haber crecido el número de puestos de trabajo, hay más poder adquisitivo y, por tanto, el consumo es mayor.

> Hay un fuerte aumento de la demanda interior.
> Las empresas exportan menos.
> Se produce un desequilibrio de la balanza comercial.

> Se ha producido un exceso de demanda.
> Los precios se han elevado.
> La inflación ha aumentado.

> La peseta se ha integrado en el SME y ha estado sobrevalorada.
> El precio de los productos españoles resulta más alto que antes.
> La exportación se ha frenado.

> Hay más productos de la CEE en el mercado español y sus precios se han abaratado.
> Ha crecido el consumo de productos extranjeros.
> Hay más importaciones.

 3

2.2. Lea el extracto de la crónica de un año de la economía española que encontrará en la página siguiente y anote:

a. Los verbos de significado similar a **causar, dar lugar a,** que el articulista utiliza para dar variedad y fluidez a su estilo.
b. La expresión que el autor emplea para introducir el último elemento en una cadena de hechos que tienen entre sí una relación de causa y efecto.

Cuentas de fin de año

Consumo e inversión, los componentes de la demanda, se han erigido en indiscutibles protagonistas del año 1991. Ambos han provocado que el PIB haya crecido por tercer año consecutivo alrededor del 5 por ciento y sitúe la economía española como la más expansiva de la OCDE. El balance es positivo si se tiene en cuenta que se han creado medio millón de puestos de trabajo, algo impensable hace unos años. Pero la contrapartida ha sido un fuerte aumento de la demanda, propiciado por este incremento y la capacidad de compra que genera, cosa que, a su vez, ha ocasionado la subida de los precios.

Las empresas se han volcado a satisfacer la demanda interior y, por consiguiente, han frenado las exportaciones. Se ha aplicado la reducción gradual de los contingentes y los aranceles estipulada por la adhesión de España a la CEE, y por eso hay una mayor disponibilidad de productos extranjeros y su coste es menor, lo que, a su vez, provoca un aumento de las importaciones. Todo ello ha desembocado en el aumento de los dos grandes desequilibrios de la economía española: una inflación por encima del 7 por ciento y un déficit por cuenta corriente de 11.000 millones de pesetas.

▶▶ 4

2.3.a. En la grabación que va a escuchar obtendrá información sobre una empresa y una asociación que han tenido gran éxito en su actividad comercial. Tome notas y complete las siguientes fichas.

FICHA 1

Nombre de la compañía: Grupo RADARSA.
Productos fabricados: radares, sistemas de mando y control, simuladores de aviones.
Volumen de ventas: _____
Realizaciones: _____

_____
Estrategia del grupo para la exportación: _____
_____

FICHA 2

Nombre de la asociación: AFCE.
Número de empresas asociadas: _____
Productos fabricados: azulejos y cerámicas para la construcción.
Volumen de producción en 1991: _____
Trabajo realizado por AFCE: _____

_____
Estrategia de AFCE para fomentar la exportación: _____
_____

2.3.b. Trabajen en grupos. Estudien sus notas y decidan cuál ha sido, en su opinión, la clave del éxito de la empresa y la asociación.

3.1.a. A partir de este titular deduzca cuál va a ser el contenido del artículo.

Estados Unidos y la CE vuelven a desenterrar el hacha de guerra comercial

3.1.b. Lea el artículo y trate de encontrar en él palabras con un significado afín a las del cuadro siguiente.

El primer paso de este nuevo episodio de una batalla comercial que dura años lo dio Estados Unidos el pasado 29 de abril. El Departamento de Comercio Exterior norteamericano publicó ese día la lista de agravios a que están sometidas sus exportaciones a otros países. El principal culpable, la Comunidad Europea, con la que en 1988 registró un déficit comercial de 1,6 billones de pesetas.

En la lista de prácticas proteccionistas figuran en primer lugar las subvenciones agrícolas, sin cuya existencia Estados Unidos hubiera podido colocar en el mercado comunitario hasta 625.000 millones más de sus productos y reducir el desequilibrio de su balanza en un 40%. Las acusaciones se extienden a las subvenciones al proyecto Airbus o a las trabas que pone Francia a los componentes eléctricos.

La CE no se ha hecho esperar en su respuesta, y el 3 de mayo hizo público un informe en el que se citan hasta casi 40 medidas proteccionistas estadounidenses, entre las que figuran tasas especiales a la importación, reservas injustificadas de mercado y restricciones a la compra de artículos de joyería, máquinas herramienta y aceite de oliva.

conflicto	responsable	obstáculos	reproches	reducciones
_____	_____	_____	_____	_____
_____	_____	_____	_____	_____
_____	_____	_____	_____	_____
_____	_____	_____	_____	_____

3.1.c. Complete el cuadro anterior con las palabras siguientes, colocándolas en la columna correspondiente.

impedimentos   limitaciones   contienda
combate   causante   quejas

3.1.d. Los verbos **acusar, quejarse, criticar, reprochar** le servirán para explicar las razones por las que la CE y EE.UU. se han enfrentado. Utilícelos para hacer frases con la siguiente información.

  Ejemplo: EE.UU. reprocha a la CE las subvenciones agrarias que concede a sus países miembros.

CE:
— Establece ayudas comunitarias a las plantas oleaginosas.
— Concede subvenciones al proyecto Airbus.
— Otorga preferencias a los países norteafricanos.

EE.UU.:
— Pactó con Japón el reparto mundial de semiconductores.
— Mantiene una tasa a la importación de productos petrolíferos (*superfund*) y un derecho de aduana suplementario (*customs user free*).

▶▶ 5 ▶▶ 6

3.2. Dos empresarios comentan un gráfico con los resultados de una encuesta sobre los factores que creen más importantes para la competitividad de un producto alimenticio en la década de los noventa.

3.2.a. Ponga en orden los factores que se le dan a continuación según el gráfico de resultados al que los empresarios hacen referencia.

☐ Marketing del producto.
☐ Nivel tecnológico avanzado.
☐ Red de distribución eficaz.
☐ Eficacia administrativa.
☐ Profesionalidad de las plantillas.
☐ Calidad del producto.

3.2.b. Vuelva a escuchar la grabación y tome nota de los puntos en los que los empresarios discrepan de los resultados de la encuesta.

3.3. Juego de roles

Van a reunirse en grupos de cuatro para simular una mesa redonda que tendría lugar antes de 1992. Uno de ustedes será el moderador, que introducirá el tema, controlará la duración de las intervenciones y, al final, intentará sintetizar las conclusiones de la discusión.
Los otros tres serán empresarios españoles que tienen diferentes actitudes sobre las medidas que hay que tomar frente al problema siguiente, objeto de la mesa redonda:

¿Qué tienen que hacer los empresarios españoles para afrontar el desafío de la puesta en vigor del Mercado Único Europeo?

Los participantes parten todos de la base de que, en su situación actual, las empresas españolas no pueden afrontar la competitividad. A lo largo del debate tienen que dar los argumentos necesarios para sostener su posición y para rebatir las tesis de sus compañeros.

> **EMPRESARIO A.** Defiende que la fusión con otras empresas del mismo sector, preferentemente de la Comunidad Europea, es la única vía para lograr un tamaño de empresa competitiva.

> **EMPRESARIO B.** Sostiene que la solución consiste en agruparse en asociaciones exportadoras para ampliar la capacidad de venta.

> **EMPRESARIO C.** Dice que el mejor camino para afrontar el Mercado Único consiste en llegar al máximo grado de especialización en el producto o servicio que se va a lanzar al mercado.

4.1.a. Lean este titular de un artículo. Traten de deducir el significado de la palabra **trueque,** si no lo conocen, y expliquen qué relación tienen las monedas no convertibles con este antiguo sistema de pago.

Al viejo estilo
El trueque sigue siendo el sistema principal de comercio con los países del Este

4.1.b. Lea estos tres fragmentos de un artículo sobre el tema del trueque (son datos de 1990) y discutan los puntos siguientes:

- Ventajas y desventajas de este sistema.
- ¿Qué vigencia tiene este sistema en el comercio internacional actual?
- ¿Conoce situaciones en el comercio interior de su país en que todavía se utilice el trueque?

La continua escasez de divisas y su dependencia de una moneda no convertible significa que la economía de Europa del Este no podrá, en el futuro, eludir la forma de comercio más antigua del mundo. Aunque todos los acuerdos comerciales Este-Oeste implican dinero en efectivo, en casi todos los casos el trueque es el eje que hace posible la transacción.

Las exportaciones británicas a la Unión Soviética, que abarcan desde maquinaria para procesar alimentos hasta preservativos, han aumentado en un 21%, 1,1 miles de millones de dólares de 1988 a 1989; prácticamente la mayor parte del negocio se basaba en el trueque de productos tales como minerales soviéticos y productos alimenticios.

Siemens AG, el gigante de la electrónica en Alemania Occidental, inició negociaciones este año para proveer de 300.000 ordenadores personales a la Unión Soviética; será financiado mediante la venta de productos químicos soviéticos por valor de 893 millones de dólares, que Alemania venderá a clientes del Tercer Mundo.

▶▶ 7

4.2.a. En el comercio internacional existen diferentes formas de realizar los pagos. De la lista siguiente, subraye las únicas que realmente garantizan el cobro de la operación al vendedor y explique cuál es el papel del banco en ellas.

cheque personal
cheque bancario
pago en efectivo
transferencia
créditos documentarios
efectos
remesas documentarias

▶▶ 8

4.2.b. El **crédito documentario** es una de las formas más usuales utilizadas en el pago de las exportaciones. A continuación se explica desordenadamente cada una de las etapas del proceso de este tipo de pago. Decida en qué orden deben ir y explique oralmente las fases del proceso en ese orden, utilizando los conectores que indican secuencia estudiados en la unidad 3.

Tenga en cuenta que en el proceso intervienen las siguientes personas y establecimientos.

— Importador o comprador.
— Exportador o vendedor.
— Banco del importador.
— Banco del exportador.
— Banco corresponsal del banco del importador en el país del exportador.

a. El exportador despacha el envío.
b. El banco corresponsal envía los documentos al banco del importador.
c. El banco del importador comunica al exportador que tiene un crédito a su favor y que para obtener el pago deberá presentar los documentos que se solicitan en el contenido del crédito.
d. El banco del importador entrega los documentos al importador, que toma posesión de la mercancía cuando ésta llega, y el banco del importador carga el importe del crédito en la cuenta del importador cuando la letra vence.
e. El importador de la mercancía pide a su banco comercial la apertura de un crédito documentario.
f. El banco del importador envía instrucciones a su corresponsal en el país del exportador para que abra una carta de crédito.
g. El banco corresponsal paga al exportador el crédito otorgado.
h. El exportador envía los documentos de transporte y una letra de cambio al banco corresponsal.

▶▶ 9

▶▶ 10

5.1. Lea este artículo sobre la deuda externa mexicana.

Menú a la mexicana

ENRIC GONZÁLEZ

La crisis del petróleo, que marcó la pasada década, provocó un trasvase masivo de dinero desde las arcas públicas de los países occidentales, que pagaban un crudo cada vez más caro, hasta las arcas privadas de los bancos occidentales, que recibían gigantescos depósitos de petrodólares. Los bancos buscaron clientes a los que colocar el dinero que les sobraba, y los encontraron en los países en desarrollo, especialmente los latinoamericanos. Una lluvia de divisas empezó a inundar el continente, donde se mezclaban la necesidad de inversión y la corrupción más desquiciada. Con el cambio de década, cayeron los precios de las materias primas, el petróleo entre ellas, y Latinoamérica vio secarse su principal fuente de ingresos. Quedaba la gran charca de créditos, que, sin exportaciones y con el dólar en el cambio más alto de su historia, no podían pagarse.

Fue México el primero en anunciar, en 1982, que no podía cumplir sus compromisos crediticios exteriores. Quedaba inaugurada la *década de la deuda*. (...)

El domingo pasado se llegó, por fin, a un acuerdo sobre la deuda a medio plazo que México tiene contraída con bancos comerciales. Ello supone unos 54.000 millones de dólares, poco más de la mitad de la deuda total (unos 101.000 millones de dólares), que en el mejor de los casos se reduciría en 6.000 millones.

El acuerdo se presenta en forma de menú con tres opciones: canje de los créditos por bonos cuyo valor nominal sería un 35% menor, pero con los mismos intereses (10% como media); canje de los créditos por bonos con el mismo valor nominal, pero con intereses reducidos (6,25%), o aportación de nuevos créditos, por un total del 25% de los préstamos ya concedidos en un plazo de cuatro años.

A gusto del cliente

El menú se ha confeccionado según los gustos del consumidor, es decir, la banca. Los bancos de tamaño medio o pequeño, que han cedido ya parte de los créditos en el mercado secundario (perdiendo a veces hasta la mitad de su valor nominal) y han provisionado las pérdidas, se inclinan por reducir los intereses manteniendo el nominal y no prestando ni un duro más. Los grandes, cuyos créditos a México, y a Latinoamérica en general, constituyen un grueso epígrafe en sus balances, prefieren, por el contrario, reducir el nominal manteniendo intereses de mercado para que su cuenta de resultados no se vea afectada de inmediato. Según estimaciones de Salomon Brothers, el acuerdo puede suponer a los grandes bancos una reducción máxima del 10% en sus ingresos de este año.

Para México, el quebranto es mucho mayor. Para empezar, está la *letra pequeña* del acuerdo, una de cuyas cláusulas establece que los bonos con interés reducido al 6,25% podrían incrementar su rentabilidad hasta tres puntos más desde julio de 1996, si los precios del petróleo se situaran por encima de los 14 dólares constantes por barril en esa fecha.

Otra concesión mexicana se refiere a futuras operaciones *swap* (canje de deuda por activos) durante el programa de privatizaciones que el país seguirá hasta 1993, por un importe aproximado de 100.000 millones de dólares. Por esa vía, la banca acreedora podría perdonar parte de la deuda ya reducida, a cambio de acciones de las compañías estatales mexicanas, la principal de las cuales es la petrolera Pemex.

---

a. Complete este resumen cronológico sobre el origen y la evolución del problema de la deuda latinoamericana:

Década de los setenta

— Aumento del precio...
— Ingresos de... en bancos occidentales.
— Préstamos a...

Década de los ochenta

— Caen los precios...
— Latinoamérica pierde...
— El dólar...
— Latinoamérica no puede...

b. El acuerdo, basado en el Plan Brady, presenta tres opciones. ¿Cómo se explica esta variedad de soluciones?

c. ¿Cuáles son algunas de las concesiones que ha hecho México?

5.2. ¿Puede usted aportar algún ejemplo concreto que demuestre que el «temor» del que se habla en el siguiente texto estaba justificado?

El énfasis del Plan Brady en generalizar el uso del *swap* ha provocado en Latinoamérica una ola de temor ante un posible desplazamiento de las mejores compañías y activos de esa parte del mundo hacia los países ricos.

A continuación le damos dos ejemplos. ¿Coinciden con los que usted había mencionado? Lea y compruébelo.

Chile ha ido desprendiéndose de todo su sector público: su compañía telefónica ha pasado a manos australianas. British Airways está muy interesada en adquirir sus líneas aéreas, ya en trámite de venta. Su sistema de previsión social es subsidiario de los grandes grupos norteamericanos. Sólo la empresa nacional del cobre sigue en manos del Estado.

La banca acreedora ha puesto en su punto de mira a naciones como Venezuela, con las que podría negociar una sustancial reducción de la deuda a cambio de un buen pedazo de la apetecible tarta del negocio petrolero estatal.

1.1. Trabaje con su compañero/a. Ésta es la agenda de Elena Jiménez, directora de la Delegación en Valencia de HÍSPALIS, una empresa que edita y distribuye materiales pedagógicos informáticos destinados a la Enseñanza Asistida por Ordenador. Según lo que Elena tiene anotado en su agenda y con los horarios que tienen a continuación, hagan una lista de los vuelos que su secretario tendrá que reservar y razonen sus decisiones.

8
Lunes
San Maximino

8'30 - 9'30 Reunión con el equipo de marketing. Valencia
15 h. Consejo de administración en Sevilla.

9
Martes
San Efrén

8'30 Apertura del congreso. Madrid.

10
Miércoles
San Máximo

Congreso. Madrid.

11
Jueves
San Bernabé

Congreso. Madrid.

12
Viernes
San Juan de Sahagún

12 h. Clausura del Congreso. Madrid.
14 h. Reunión en la sede central. Madrid.
21.30 h. Cena de celebración del 10º Aniversario de la empresa. Valencia.

Servicios de Pasaje

Validez / Validity	Días / Days	Salida / Departure	Vuelo / Flight	Llegada / Arrival
De/From MADRID *(Cont.)*				
A/To SEVILLA/SEVILLE				
	1234567	08.05	IB317	09.00
— 15 Jul	1 3 5	09.30	IB319	10.25
16 Jul —	1 3 5	09.30	IB319	10.25
	1234567	10.05	IB311	11.00
	7	11.15	AO153	12.10
— 31 Jul	12345	12.05	IB323	13.00
01 Sep —	12345	12.05	IB323	13.00
	1 3 5	12.20	AO151	13.15
— 31 Jul	1234	14.05	IB325	15.00
01 Sep —	1234	14.05	IB325	15.00
	1234567	16.30	IB511	17.25
— 31 Jul	12345	18.05	IB327	19.00
01 Sep —	12345	18.05	IB327	19.00
	123456	20.05	IB329	21.00
— 31 Ago	7	20.05	IB329	21.00
01 Sep —	7	20.05	IB329	21.00
	1234567	22.30	IB339	23.25

Servicios de Pasaje

Validez / Validity	Días / Days	Salida / Departure	Vuelo / Flight	Llegada / Arrival
De/From MADRID *(Cont.)*				
A/To VALENCIA				
— 31 Jul	12345	07.50	IB420	08.40
01 Sep —	12345	07.50	IB420	08.40
	1234567	09.35	IB422	10.25
	1234567	13.00	IB424	13.50
— 31 Jul	12345	15.50	IB426	16.40
01 Sep —	12345	15.50	IB426	16.40
— 31 May	1234567	18.20	IB428	19.10
01 Jun —	1234567	18.20	IB428	19.10
	1234567	21.35	IB432	22.25

Passenger Services

Validez / Validity	Días / Days	Salida / Departure	Vuelo / Flight	Llegada / Arrival
De/From SEVILLA/SEVILLE				
A/To MADRID				
— 31 Jul	12345	19.45	IB326	20.35
01 Sep —	12345	19.45	IB326	20.35
— 15 Jul	1 3 5	20.30	IB318	21.20
16 Jul —	1 3 5	20.30	IB318	21.20
	123456	21.45	IB328	22.35
— 31 Ago	7	21.45	IB328	22.35
01 Sep —	7	21.45	IB328	22.35

Servicios de Pasaje

Validez / Validity	Días / Days	Salida / Departure	Vuelo / Flight	Llegada / Arrival
De/From VALENCIA *(Cont.)*				
A/To MADRID				
	1234567	07.45	IB421	08.25
— 31 Jul	12345	09.25	IB423	10.05
01 Sep —	12345	09.25	IB423	10.05
	1234567	11.10	IB425	11.50
— 31 Jul	12345	17.30	IB429	18.10
01 Sep —	12345	17.30	IB429	18.10
	1234567	20.45	IB427	21.25
— 31 May	1234567	22.50	IB433	23.30
01 Jun —	1234567	22.50	IB433	23.30

Servicios de Pasaje

Validez / Validity	Días / Days	Salida / Departure	Vuelo / Flight	Llegada / Arrival
De/From VALENCIA *(Cont.)*				
A/To SEVILLA/SEVILLE				
	1 3 5	18.50	IB415	19.50
	2 4 67	18.50	IB695	19.50

▶▶ 1

▶▶ 2

▶▶ 3

▶▶ 4

1.2. Escuche las informaciones que se dan por los altavoces del aeropuerto. Relaciónelas con cada uno de los viajeros, según sus reacciones.

a. ¡Pero si habían anunciado que el vuelo saldría con retraso! Suerte que en el restaurante me han servido rápidamente, que si no...

b. ¡Fenomenal! ¡Llega a la hora! Me parece imposible...

c. ¡Ya era hora! Llevamos tres horas esperando porque el vuelo tiene retraso. Es lo mínimo que podían hacer.

d. ¡Otra vez! ¡Es que no hay derecho, vamos! Cada vez igual. El mes pasado perdí la conexión de Madrid a La Habana por lo mismo.

e. ¡Qué raro! ¿Qué debe pasar? No sé qué querrán... A ver..., no, no, si lo tengo todo: el billete, el pasaporte...

f. No lo entiendo: es la tercera vez que lo dicen. Les debe faltar algún pasajero.

▶▶ 5

▶▶ 6

1.3.a. Trabaje con su compañero/a.
¿Qué dirían ustedes en las situaciones siguientes que tienen lugar en un avión? Intenten dar una doble versión: una en un registro más formal y otra en uno más coloquial.

1. Elena está sentada al lado del pasillo. La señora que está a su lado tiene que ir al lavabo.
2. Una señora bajita no alcanza el compartimento para poder colocar su abrigo y se dirige a Elena, que es más alta.
3. Un pasajero llega a su sitio y encuentra a un señor sentado en él. Va a buscar a la azafata y ésta se dirige al señor que ocupa el asiento.
4. Un señor no puede bajar la mesita para poner su bandeja de comida. Se dirige al señor que tiene al lado.
5. La señora que está al lado de Elena ha terminado de leer una revista y a Elena le gustaría hojearla.

1.3.b. Escuchen la grabación y comprueben si lo que oyen coincide con alguna de sus soluciones.

▶▶ 7

2.1.a. A su llegada al hotel, Elena Jiménez se dirige a recepción. Escuche la conversación que mantiene con el recepcionista.

☐ Hola, buenas tardes.

■ Buenas tardes, señora. Dígame.

☐ Tengo una habitación reservada a nombre de Elena Jiménez.

■ Un momento, por favor.

☐ Es Jiménez con «j», no con «g».

■ Pues, lo siento, pero no la encuentro en el listado.

☐ ¡Qué raro!

■ ¿Cuándo hizo la reserva?

☐ Hace ya días, a través de una agencia de viajes, TURSA.

■ Tal vez la agencia nos pasó el nombre en el último momento y por eso no está en el listado. Déjeme hacer una comprobación.

   (...)

■ Efectivamente, hay una reserva de esta agencia, aunque sin nombre.

☐ ¡Uf, menos mal!

■ Son tres noches, ¿no?

☐ Eso es.

■ Bien, pues su habitación será la 402. Aquí tiene la llave. Los ascensores están al fondo.

☐ Gracias. Ah, se me olvidaba. Quisiera hablar con un colega mío inglés que se aloja también aquí. ¿Sería tan amable de darme el número de su habitación?

■ Desde luego. ¿Cómo se llama?

☐ Hughes, H-U-G-H-E-S.

■ Sí, aquí está; habitación 629.

☐ Muchísimas gracias.

■ A usted.

▶▶ 8

2.1.b. Practique con su compañero/a las conversaciones que corresponden a las siguientes situaciones:

1. Una persona llega al hotel y pide habitación para dos días. Sólo hay habitación para un día.
2. Un cliente que tiene reserva llega al hotel y se encuentra con que ha habido una confusión y le han reservado habitación para otro día.
3. Un matrimonio llega a recepción y se identifica. El recepcionista les pide que le deletreen el apellido. Después busca en el listado de reservas y se da cuenta de que se les ha reservado una habitación individual en lugar de una doble.
4. Un cliente llega al hotel pasada la medianoche y le comunican que otra persona ocupa su habitación porque las reservas sólo se mantienen hasta las once de la noche.

2.2. Escuche la conversación entre Elena y Edward Hughes.

2.2.a. Diga cuál ha sido el motivo de la llamada.

2.2.b. Haga el papel de Elena y explíquele a su amigo lo que le ha ocurrido en recepción.

2.3. Escuche la conversación que tiene lugar en un restaurante entre los dos colegas, Elena y Edward.

a. Identifique el tipo de restaurante en el que se encuentran.

b. Complete los espacios en blanco en la descripción que hace Elena de algunos platos típicos.

— ¿Qué es esto de «txangurro»?
— Oh, (1) _____ marisco. En Galicia se llama centollo. (2) _____ con un sofrito de tomate y cebolla, y (3) _____ en su caparazón. Es delicioso.
— Mm... Sí, creo que tomaré eso. Me encanta el marisco. Y de primero, ¿qué me recomiendas?
    — Pues podríamos pedir un plato ligero. La ensalada de cogollos con salmón ahumado es exquisita.
— ¿Cogollos? ¿Y eso qué es?
— (4) _____ lechuga muy tierna.
— Bien, de acuerdo.
— Vamos a mirar la carta de vinos. Creo que nos iría bien un vino blanco joven, seco, ¿no crees?
— ¿Han elegido los señores?
— Sí, mire, de primero vamos a tomar...

c. Imagine que se encuentra usted en un restaurante de su país con un extranjero. Recomiéndele algunos platos típicos y explíquele en qué consisten.

▶▶ 9

2.4. Oirá varios fragmentos de conversaciones que tienen lugar en un restaurante. Identifique el tema de cada una de ellas.

3.1. Escuche las conversaciones de los congresistas que asisten a la recepción.

a. Diga de qué trata cada una de ellas y cuál es la relación que existe entre los interlocutores.

b. Vuelva a escuchar la grabación y rellene los espacios en blanco.

c. Anote las expresiones que se usan en las conversaciones para atraer o mantener la atención del interlocutor, ganar tiempo para pensar lo que se va a decir, conectar partes del argumento, introducir una explicación, expresar contrariedad, desacuerdo y protesta.

■ En nombre del comité organizador (1) _____ darles la bienvenida a este congreso. Antes que nada... Y para terminar, sólo me resta darles las gracias por su asistencia y desearles (2) _____ entre nosotros. Gracias, y buen trabajo.

■ La verdad es que (14) _____ No sé, ¿tú crees que se podría encontrar una solución?
□ Tranquilo, hombre, (15) _____
■ Sí, pero es que...
□ (16) _____ . Voy a saludar a colega de Zaragoza. (17) _____

■ Me gustaría discutirlo contigo. ¿(18) _____ ?
□ A ver. ¿(19) _____ el jueves que viene?
■ No, el jueves tengo otra reunión.
□ ¿(20) _____ por la mañana?
■ Perfecto.

■ ¿Qué tal, Juan? (6) _____ .
□ ¿Cómo estás, Marta?
■ Muy bien, ¿y tú?
□ Bien, bien, con mucho trabajo, como siempre. ¿Y tu familia?
■ Todos bien, gracias.
□ Estupendo, me alegro. Oye, ¿ (7) _____ la sesión de esta mañana?
■ Fenomenal, realmente interesante.

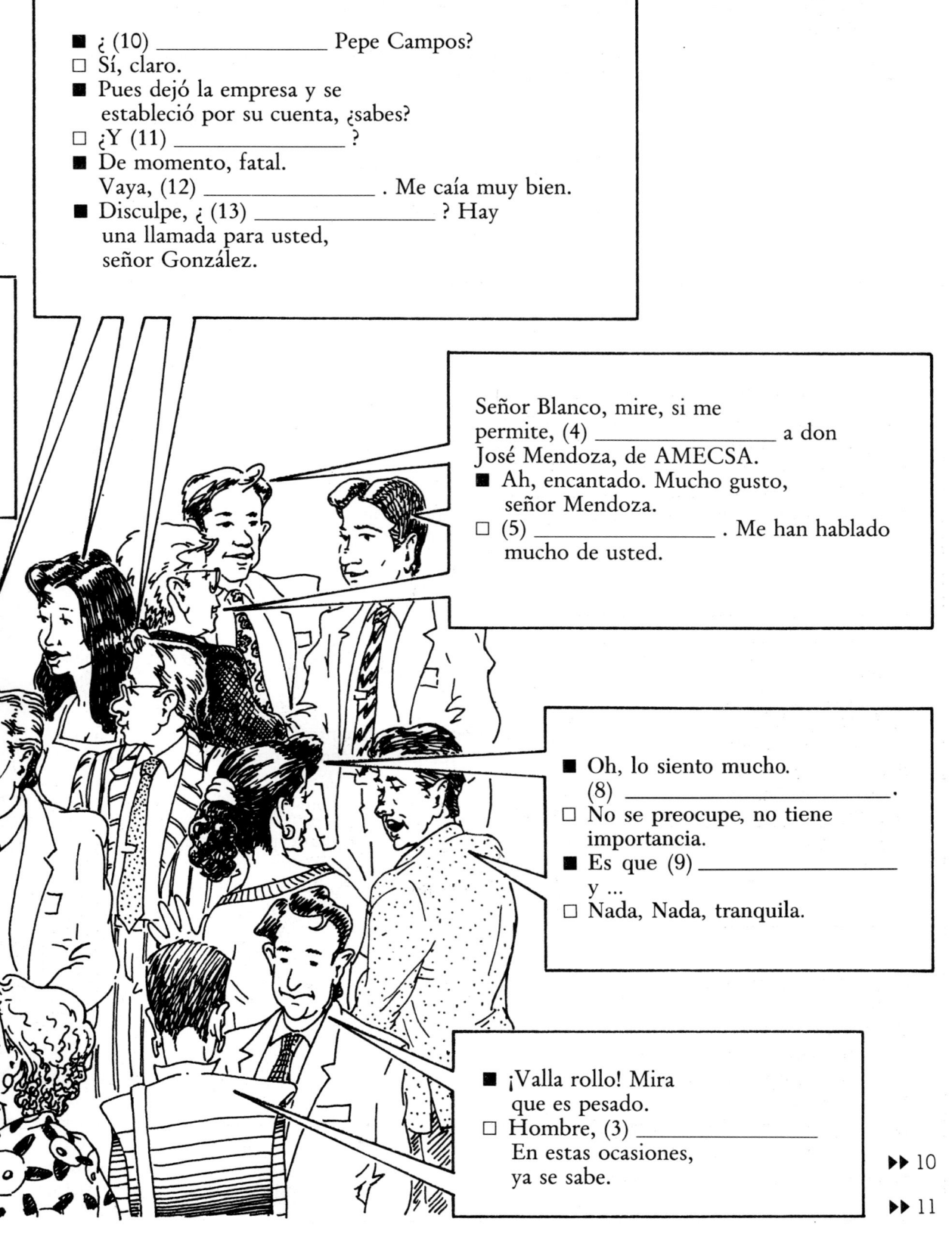

- ¿ (10) _____ Pepe Campos?
- Sí, claro.
- Pues dejó la empresa y se
  estableció por su cuenta, ¿sabes?
- ¿Y (11) _____ ?
- De momento, fatal.
  Vaya, (12) _____ . Me caía muy bien.
- Disculpe, ¿ (13) _____ ? Hay
  una llamada para usted,
  señor González.

Señor Blanco, mire, si me
permite, (4) _____ a don
José Mendoza, de AMECSA.
- Ah, encantado. Mucho gusto,
  señor Mendoza.
- (5) _____ . Me han hablado
  mucho de usted.

- Oh, lo siento mucho.
  (8) _____ .
- No se preocupe, no tiene
  importancia.
- Es que (9) _____
  y ...
- Nada, Nada, tranquila.

- ¡Valla rollo! Mira
  que es pesado.
- Hombre, (3) _____
  En estas ocasiones,
  ya se sabe.

▶▶ 10

▶▶ 11

4.1. La compañía HÍSPALIS ha reunido en Madrid a sus Delegados Comerciales de todo el país para tratar de diferentes cuestiones. A continuación tiene reproducido el orden del día de esta reunión.

ORDEN DEL DÍA DE LA REUNIÓN DEL 12 DE ABRIL DE 1992

1. Presentación de los objetivos comerciales que hay que alcanzar en el segundo semestre.
2. _____
3. Mejora de los puntos de venta existentes.
4. Problemas suscitados por la reproducción ilegal.
5. Ruegos y preguntas.

4.1.a. Escuche algunos fragmentos de la reunión y escriba en el orden del día cuál es el tema tratado en el punto 2.

4.1.b. Vuelva a escuchar los fragmentos 1 y 2 y anote las expresiones que se utilizan para las siguientes funciones:

- Abrir la sesión.
- Dar la palabra.
- Pedir una aclaración.
- Hacer una aclaración.
- Hacer un inciso.

4.1.c. Escuche los fragmentos 3 y 4 y haga una lista de las expresiones que se utilizan para las funciones siguientes:

- Proponer.
- Sugerir.
- Expresar duda.
- Poner objeciones.
- Expresar extrañeza.

4.1.d. Trabajen en pequeños grupos. Lean el punto 4 del orden del día y discútanlo como si estuvieran en una reunión. Tienen que buscar ideas para solucionar el problema.

4.2. Elena Jiménez regresa a Valencia y el lunes por la mañana reúne a su equipo de trabajo para dar cuenta del contenido de la reunión del viernes en Madrid. Trabaje con su compañero/a. Por turnos, pónganse en el lugar de Elena y explíquense el uno al otro lo que se dijo en el punto 2 del orden del día. Utilicen la mayor variedad posible de verbos introductores de sus explicaciones en pretérito indefinido o imperfecto de indicativo.

▶▶ 12

4.3. Juego de roles

Trabaje con su compañero/a. Uno de ustedes desempeñará el papel de Juan José Alonso, director de una prestigiosa red de escuelas de idiomas con sede en Bilbao. El otro será Ramón Martos, director de HÍSPALIS. Juan José Alonso tuvo un primer contacto con Ramón Martos hace un mes. Ahora aprovecha su estancia en Madrid con motivo de su asistencia al Congreso, para entablar una negociación con el director de HÍSPALIS, que es la que ustedes van a simular.

Antes de empezar la negociación:

1. Estudien las fichas que les informarán del contenido de la primera entrevista.
2. Examinen los cuatro puntos concretos de la negociación en el cuadro que tienen a continuación. Decidan juntos cuál será el acuerdo final y anótenlo en el espacio correspondiente.
3. Lean los modelos lingüísticos que pueden utilizar en el *Libro de ejercicios*.

FICHA 1 (Juan José Alonso)

Propone a Ramón Martos que edite material pedagógico informático para el autoaprendizaje de lenguas extranjeras, elaborado por sus profesores y pilotado en los centros de su red de escuelas de idiomas. Para ellos supone una inversión demasiado fuerte realizar la edición, y les interesa tener una buena red de distribución como la de HÍSPALIS. Ellos aportarán la calidad pedagógica y el prestigio de sus centros.

FICHA 2 (Ramón Martos)

Contesta que esta línea de material didáctico queda fuera de su producción habitual, pero que está dispuesto a estudiar su oferta, dado que su compañía va a emprender una estrategia de ampliación de la gama de sus productos. Le explica que la propuesta es poco usual, ya que su procedimiento es el siguiente: un autor propone una «idea pedagógica» y es el equipo especializado de HÍSPALIS quien realiza el material.

Asunto	Propuesta (J. J. Alonso)	Contrapropuesta (R. Martos)	Acuerdo final
1. Autores del material didáctico.	El material será elaborado por el personal cualificado de sus escuelas.	Todos los materiales han sido realizados hasta ahora por el equipo especializado de HÍSPALIS.	_____ _____ _____ _____
2. Revisión del material.	Cada dos años, una edición nueva y retirada del material antiguo existente en el mercado.	Cada cinco años, sin retirada del material existente en el mercado.	_____ _____ _____
3. Número de ejemplares gratuitos para el uso de la escuela.	Ejemplares gratuitos para equipar los laboratorios de autoaprendizaje de sus 20 centros (25 por cada centro).	10 ejemplares para cada centro.	_____ _____ _____ _____ _____
4. Derechos de autor.	12 por ciento.	8 por ciento.	_____ _____

5.1. Comente estos gráficos sobre gastos de representación en empresas españolas con su compañero/a. ¿Cómo interpreta los cambios que se han producido entre 1985 y 1989?

Las cuentas del viajante

Las empresas españolas se gastaron medio billón en viajes y representación en 1989

S.G.C.

American Express ha encargado un estudio a la empresa especializada Alef-Millward Brown para analizar la evolución de los gastos de viaje y representación en la empresa española. Sobre un universo de 511.000 compañías de España (excepto Canarias), se ha consultado a 2.000, y ha dado como resultado que el 57% de las firmas encuestadas manifiesta en sus respuestas tener este tipo de gastos.

Tercer puesto

Las compañías españolas destinaron 566.000 millones de pesetas a gastos de viaje y representación en 1989. Esta partida ha experimentado un aumentado con respecto a 1985 del 78%, y pasa a ocupar el tercer lugar en el presupuesto, tras los gastos de personal

y mercadotecnia. En 1985 el 41% de las empresas españolas destinaban una media de un millón y medio de pesetas por año, mientras que en 1989 la inversión media fue de casi dos millones, de los que el 41% se va en desplazamientos en avión.

El personal directivo es el que concentra el 84% del total de la inversión. En esta categoría se incluyen desde la alta gerencia a los jefes de departamento, que suelen usar tarjetas de crédito de la empresa, y el 16% corresponde al personal de ventas, que sigue utilizando los anticipos de caja, que también van incrementando año tras año la presentación de recibos. Cuando se trata de realizar un viaje al extranjero, el cuadro directivo se lleva el 32%, frente al 5% del gasto del personal de ventas. La Comunidad Europea es el destino más elegido en las encuestas.

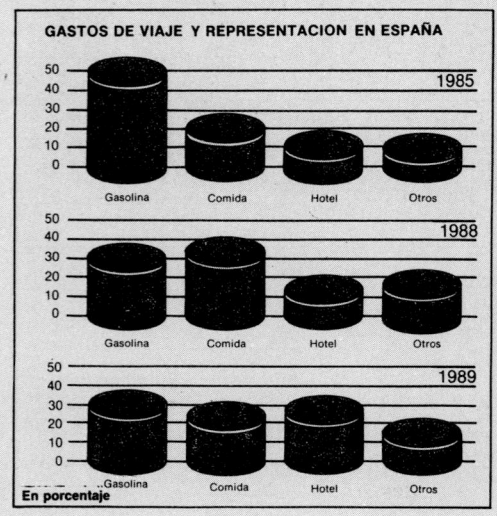

5.2. Lea este artículo.

Quedamos a comer

Lujo y discreción

Existen tres niveles a la hora de hacer negocios: alto (adquisición de sociedades y grupos industriales), intermedio (negocios entre empresas) y el de gestión diaria de esas compañías. El primero está rodeado de lujo y discreción y tiene un calendario, como si de un deporte se tratara. De septiembre a febrero las fincas tienen gran importancia. Entre 50 y 60 días al año se pasan amigos y socios en lugares como *Las Navas, Las Cuevas, La Salceda, El Roblecillo, El Castañar*, etcétera, en cacerías a las que no suelen invitar a desconocidos (...)

Las estaciones de esquí son otra excusa para, en un momento dado, iniciar o culminar una operación económica en sus casas del Pla, en Baqueira, o en un hotel en Gstadd (en Suiza), por ejemplo.

De febrero a marzo toman el relevo los restaurantes de lujo y las fiestas privadas que tienen como obligación invitar a los *importantes* del lugar. En sitios como Jockey, Horcher, Zalacaín y La Dorada, en Madrid; Via Venetto, Finisterre, Reno o El Dorado Petit, en Barcelona; Aquelarre y Arzak, en San Sebastián; La Nicolasa, en Bilbao, y La Dorada, en Sevilla, entre otros, tienen lugar importantes reuniones de negocios (...).

Con la llegada del buen tiempo aparecen los yates fondeados en los puertos más selectos y escogidos del archipiélago balear y del sur de España. Entre la crema bronceadora y un refrigerio tienen lugar conversaciones triviales sólo interrumpidas por algún comentario que *traerá cola*.

Otro punto importante de encuentro son los clubes, aunque los empresarios se quejan de que no existen instituciones intermedias, como en Estados Unidos, que permiten encontrarse con un montón de colegas, ya sean de la misma empresa, de la competencia o clientes. A esta desarticulación —o falta de *network*— de la profesión se une el caos de tráfico de la capital de España y otras importantes ciudades que impide trasladarse en poco tiempo de un lugar otro. Por eso echan de menos lugares como el club Jockey de Buenos Aires (Argentina); el Metropolitan, el Knycker-Bocker o el Raquet, en Nueva York (éste último, muy frecuentado por *yuppies* al más puro estilo de los descritos por Tom Wolfe). En Londres destacan el Saint James, el White's o el Clearymont. De este nivel en España sólo existe el Club Financiero, en Madrid, exclusivamente para hombres. Los clubes de golf se utilizan menos que en EE.UU. para este tipo de operaciones y se limitan más a la práctica deportiva. En Finlandia las saunas son utilizadas muy a menudo como lugar de reunión de trabajo, y en Japón, los baños públicos y privados.

Estos empresarios también han copiado de los anglosajones la necesidad de estar en forma y evitar a toda costa la aparición de la *curva de la felicidad*. De ahí el éxito de los gimnasios. Los más lujosos, como el Corona de la Torre, situado en el Manhattan madrileño, en plena zona de Azca, también es otro foco de contactos de trabajo.

a. Haga una lista de los sitios escogidos a la hora de hacer negocios de alto nivel y de las épocas del año asociadas a cada uno de ellos.
b. En el texto se citan lugares de reunión de gran aceptación en otros países, aunque no en España. ¿Cuáles son?

c. Busque en el texto palabras o expresiones que signifiquen lo mismo:

    1. Ocupan su lugar.
    2. Empezar o concluir un negocio.
    3. Comida ligera.
    4. Traerá consecuencias.
    5. Lamentan que no haya.
    6. Estar en buenas condiciones físicas.
    7. Estómago y vientre algo prominentes.

d. ¿Qué adjetivos describirían mejor las características comunes a los sitios mencionados en el texto?

e. En su opinión, ¿a qué se debe el hecho de que el mundo de los negocios haya dejado los despachos para optar por otros lugares de reunión?

▶▶ 13

Relación de ilustraciones y artículos de prensa